Schnell was Feines

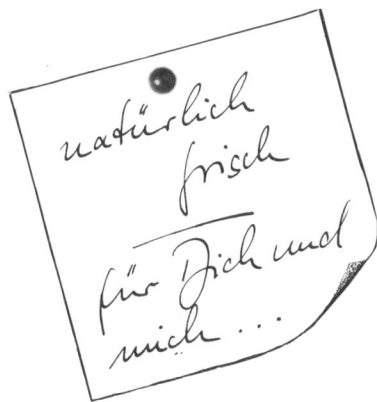

natürlich frisch

für Dich und mich . . .

von Olli Leeb

1989 - 2.Auflage   ISBN 3-921799-81-3

Nachdruck, auch auszugsweise nur mit ausdrücklicher
Genehmigung des Verlages gestattet. Alle Rechte bei
© Kochbuch - Verlag Olli Leeb München 21
Druck: Biering GmbH München 45
Exclusiv Fotos: Studio Teubner Füssen
Illustrationen: Thomas Leeb München 21
Repro: Oestreicher + Wagner München 90
Bindung: R.Oldenbourg Heimstetten
Schutzklappen: Gebrauchsmusterschutz eingetragen
unter Nr. B 42 D 3-04 GM 79 30 597

Printed in Germany

Inhalt

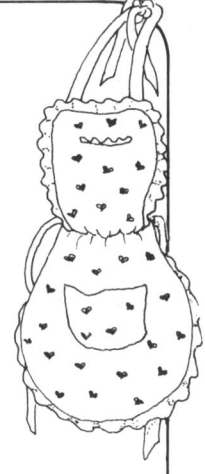

Vorwörtliches

Ein jeder von uns steht einmal im Laufe seines
Lebens vor der Aufgabe für sich selbst kochen zu
müssen. Meist beginnt dies beim Verlassen des
Elternhauses, wenn Ausbildung, Studium, oder Berufs-
tätigkeit an einem anderen Ort stattfindet.

Hoffentlich gehören Sie dann nicht zu den Menschen, die resignie-
rend meinen: " Ach - für mich alleine lohnt sich doch die ganze
Kocherei gar nicht! " Aber selbst wenn Sie alleine leben, Part-
ner oder Kind auch nur zu einer Hauptmahlzeit nach Hause kommen
sollte, wird es sich immer lohnen, vernünftig zu kochen, um gesund, fit und leistungsfähig zu bleiben und die damit verbundene
Lebensfreude zu bewahren.

Sollten Sie aber der Ansicht sein, daß es alleine nicht schmeckt,
kann dem doch abgeholfen werden: Laden Sie sich einen netten
Menschen ein und genießen Sie gemeinsam die Köstlichkeiten, die
Sie gezaubert haben.

Bedenken, daß etwas Selbstgekochtes mit großem Zeitaufwand ver-
bunden sein muß, können zerstreut werden. Die arbeitsaufwendigen
Rezepte der vorletzten Generation sind längst überholt. Technische Hilfsmittel ermöglichen eine schnellere Vorbereitung und
Kühlgeräte sorgen dafür, daß einmal Zubereitetes unbedenklich
für andere Mahlzeiten aufbewahrt werden kann.

Die in diesem Buch aufgeführten Rezepte sind jahrelang erprobt
und einige davon neu entwickelt worden für alle, die nicht Stunden in der Küche verbringen können, aber ein selbstbereitetes

Essen einem gekauften Fertigprodukt vorziehen. Reichlich Frischkost und Gemüse, mäßig Fleisch, Fett, Zucker und Salz sollte die
Devise für den Speiseplan sein, die auch in diesem Buch berück-
sichtigt wurde. Manche Tiefkühl- oder Dosenware, deren In
manchmal in der Zubereitung zu lange dauern würde, ist in der
Schnellküche unbestritten eine Erleichterung, sollte aber nur als
Ausnahme gelten und keineswegs die Frischware verdrängen.

Denken Sie immer daran, daß ein einfaches Gericht aber frisch
zubereitet **Schnell was Feines** werden kann.

Dazu wünsche ich Ihnen recht guten Appetit

Ihre

München, 18.August 1983

Zur 2.Auflage

Die große Nachfrage von jungen Leuten und Senioren einerseits
und die neuen Erkenntnisse auf dem Gebiet der gesunden Ernährung
anderseits, haben mich bewogen dieses Buch aktualisiert wieder
aufzulegen. Bei der Beschaffenheit unserer Lebens-u.Nahrungsmit-
tel heute ist ein ausgewogener, vielseitiger und abwechslungsrei-
cher Speiseplan mehr denn je vonnöten um uns mit allen wichtigen
Stoffen **reichlich** zu versorgen und mit minderen **minimalst** zu be-
lasten. Ein bedachter Einkauf, auf den in der ersten Auflage
schon in den einzelnen Sparten hingewiesen wurde, hat nicht an
Bedeutung verloren. Gestrichen wurden Speisen mit gebratenem
Speck und mit überbackenem Käse, die aus gesundheitlichen Gründen
nicht mehr zu empfehlen sind. Ich wünsche Ihnen bei der schnellen aber guten Küche viel Spaß und mit den vielen praktischen
Rezepten eine Entlastung beim Kochen.

München, 28.Juni 1989

Zum Gebrauch des Buches

Wer nicht viel Zeit zum Kochen erübrigen kann, möchte dann nicht auch noch lange nach einem Rezept suchen - sondern gleich mit der Zubereitung beginnen.

Um nun möglichst schnell das Gewünschte zu finden, wurde der Rezeptteil dieses Buches gleich alphabetisch geordnet. So steht z. B. Apfelbrei unter A, Risotto unter R usw.

Suchen Sie aber eine Anregung für einen feinen Salat als Vorspeise, ein Fleisch- oder Fischgericht, Gemüse, Teigwaren oder ein Dessert, dann steht ihnen eine gesonderte Tabelle nach Rubriken geordnet und mit Seitenzahlen versehen, zur Verfügung.

Haben Sie nun das betreffende Rezept gefunden, legen Sie bitte die beiden Klarsichtklappen, die am vorderen und hinteren Buchdeckel befestigt sind, auf die aufgeschlagenen Buchseiten, so sind diese vor unvermeidlichen Flecken geschützt und das Buch bleibt außerdem schön offen liegen.

Die Rezepte sind so geschrieben, daß Sie die Zutaten für Ihren Einkaufszettel auf einen Blick sehen. Der Text ist so kurz wie möglich gehalten. Lesen Sie ihn deshalb genau - jede Einzelheit ist wichtig, ob geschlagen oder gerührt wird, gestiftelt oder gerieben empfohlen wird, ist für den Erfolg oft ausschlaggebend.

Die Garzeiten sind angegeben, nicht aber die Zubereitungszeit, da diese davon abhängt, ob Sie über technische Geräte verfügen oder nicht. Jedenfalls ist sie so auf ein Minimum reduziert, daß Ihnen die schnelle Küche auch wirklich Spaß machen kann.

Küchenausdrücke

die im Buch stehen

anlaufen lassen   z. B. von Zwiebeln, Fett erhitzen, kleinge-
hackte Zwiebelchen hineingeben, nicht bräunen
nur umrühren bis sie glasig sind,

auf Dampf schlagen eine feuerfeste Rührschüssel auf einen pas-
senden Topf stellen, in dem Wasser kocht,
Schüssel **nicht in** das Wasser stellen!

aufschäumen lassen von Butter, diese erhitzen bis Bläschen hoch-
steigen und sich ein leichter Schaum bildet.
Wichtig für Bratgut, das nicht zu hoch erhitzt
werden sollte,

auswalken
auswellen   Teig wird mit Nudelholz in bestimmte Stärke flachgerollt, wenn kein Nudelholz vorhan-
den, kann man notfalls eine Flasche nehmen,

backen   geschieht immer **offen**, entweder im Backrohr
oder ebenfalls offen in Fett auf dem Herd in
einer Pfanne, z. B. Apfelküchle, Pfannkuchen,

braten   in Fett anbräunen, unter Wenden garen oder
größere Fleischstücke im Bratrohr fertig –
stellen,

begießen   von Fleisch sollte immer mit **heißer** Brühe oder
heißer Flüssigkeit geschehen, sonst wird das
Fleisch zäh,

blanchieren   vor allem bei Gemüse ist ganz einfach, das
Gemüse nur ganz kurz in kochendes (Salz-)
Wasser tauchen,

dämpfen   geschieht auf einem Sieb über dem Wasserdampf,

dünsten   in wenig Fett oder wenig Flüssigkeit stets
zugedeckt garen,

hobeln	feinblättrig aufschneiden z. B mit Gurkenhobel.
im Wasserbad	einen feuerfesten Topf **in** einen anderen Topf stellen, der mit leise kochendem Wasser gefüllt ist. Die zu schlagende Masse darf nur lauwarm werden,
kleinschneiden	z. B. von Kräutern, Kräuter warm waschen,ausschütteln, fest zusammenrollen, mit großem festen Messer kleinschneiden, Zwiebel halbieren, erst längs dann quer in Würfel schneiden,
köcheln lassen	leise sieden, nicht sprudeln lassen,
kochen	Flüssigkeit muß richtig sprudeln, Kochen auch genereller Ausdruck für Garen,
marinieren	in Flüssigkeit oder Öl durchziehen lassen,
mehlieren	dünn mit Mehl einhüllen,
passieren **pürieren**	durch ein Sieb streichen oder mit dem Mixstab oder im Mixer vermusen,
raffeln	auf der Rohkostreibe längliche Streifchen feiner oder grob hobeln,
reiben	auf Reibeisen ergibt feineres und kürzeres Gereibsel als raffeln,
rösten	kann nicht ohne Beaufsichtigung geschehen, es muß ständig bei guter Hitze gerührt werden,
rühren	mit Kochlöffel oder auf kleinster Stufe mit dem Elektroquirl oder im Mixer,
schlagen	mit dem Schneebesen die Masse locker hochheben oder mit Elektroquirl nach Angabe,
stifteln	Ergebnis ist stärker als beim Raffeln. Erst Scheibchen vom Gemüse schneiden, diese dann in feine Streifchen teilen.

Maße und Gewichte

falls Sie keine Waage besitzen:
1 Tasse = 170 g Wasser = 15 EL
100 g = 10 Deka

	1 Teelöffel	1 Esslöffel	1 Tasse
Butter weich	5 g	15 g	172 g
Grieß	4 g	12 g	100 g
Haferflocken	2 g	8 g	70 g
Honig	10 g	30 g	210 g
Käse gerieben	3 g	10 g	80 g
Mehl	3 g	10 g	100 g
Puderzucker	3 g	10 g	80 g
Quark	10 g	30 g	190 g
Reis	5 g	14 g	150 g
Salz	4 g	13 g	220 g
Semmelbrösel	3 g	10 g	80 g
Zucker	5 g	15 g	175 g

Zeichenerklärung

EL Esslöffel
TL Teelöffel
l Liter
g Gramm
kg Kilogramm
Msp Messerspitze
* vor der Zutat bedeutet
unbedingt vorbereiten
* nach einem Rezepttitel bedeutet,
daß das Rezept im Buch unter
dem Anfangsbuchstaben steht.

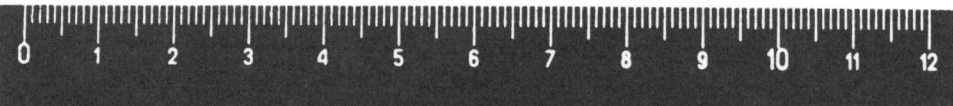

Vorrat ist wichtig

vor allem im Haushalt von Berufstätigen, denn nicht jeden Tag
bietet sich Gelegenheit in Ruhe einkaufen zu können. Es ist zu-
mindest sehr beruhigend, wenn Nahrungsmittel mit längerer Haltbarkeitsdauer immer greifbar sind. Zu diesem Stammvorrat gehören:

Mehl und Vollkornmehl
Reis in verschiedenen Sorten, Langkorn- Parboiled - u. Naturreis
Grieß und Couscouss (Hartweizenprodukt)
Hirse
Haferflocken
Knäckebrot, Knusperbrot, Vollkornbrot
Nudeln, Spaghetti etc.
Honig,
Zucker, Rohzucker,
Mandeln ganz und gestiftelt
Haselnüsse ganz und gerieben
Sultaninen
Semmelbrösel
Salz zum leichten Würzen Meersalz oder Selleriesalz verwenden
Salz zum Waschen von Fisch und Salat kann ein einfaches sein,
Brühwürfel
Öl am besten ein gutes Samenöl, auch zum Braten geeignet,
Essig in 2 Sorten: Rotweinessig und Weißweinessig

alle diese Nahrungsmittel bedürfen keiner besonderen Kühlung.

Luftig aufbewahrt

werden **Zwiebeln** in allen Farben: gelb, weiß, lila
Knoblauch   **Schalotten**   und   **Zitronen**.

In den Kühlschrank gehören:

Butter, Milch, Joghurt, Frischkäse, Quark, süße Sahne,
Sauerrahm und Dickmilch. Außerdem Senf, Tomatenmark,
Tomatencetchup, Paprikamark,Konfitüre und Sauerkonser-
ven, falls sie schon angebrochen sind.

Im Gemüsefach

sollten in Vorrat sein: einige Kartoffeln, Möhren, etwas Lauch und Selleriewurzel. Gemüse und Salat nur kurz lagern. Achten Sie darauf, daß Gemüse und Obst nicht in einem gemeinsamen Behälter liegen, dies würde die Haltbarkeit beträchtlich vermindern.

Im Tiefkühlfach

kann eine kleine Reserve schlummern von: Himbeeren, Heidelbeeren, Johannis- oder Erdbeeren, Blätterteig oder selbstgemachtem Mürbteig, einige Brötchen und Vollkornbrot, sowie Kräuterbutter, geriebener Käse oder Hartkäse am Stück, außerdem von den angegebenen Gerichten aus dem Rezeptteil, die sich zum Einfrieren eignen.

An einem luftigen Ort

also im Luftschrank, kühlen Vorratsraum oder Keller wird eine kleine Reserve eingelagert, die sich als sehr nützlich erweist, wenn man unverhofft Besuch bekommt oder einmal nicht aus dem Haus kann. Eier und Käse sind hier auch gut aufgehoben. Für die Reserve: Sauer- und Rotkraut in kleinen Dosen, Rote Bete im Glas, geschälte Tomaten in Dose, Gemüsemais naturell, Linsen natur ohne Einlage, junge Erbsen mit Karotten Pfifferlingen und Spargel. Wählen sie ein gutes Fabrikat, sonst sind die Erbsen mehlig. Außerdem sollten Kompottfrüchte nicht fehlen. Eingelegte Gurken oder Peperoni etc. werden Sie ohnehin im Hause haben.

Auf dem Gewürzbord

sollten die Gewürze in dunklen Gläsern aufbewahrt werden, um Farbe und Aroma zu erhalten. Am zweckmäßigsten werden sie alphabetisch eingeordnet um ein unnötiges Suchen zu verhindern. Hier nun die im Buch verwendeten Gewürze:

BASILIKUM   für italienische Gerichte, Fleisch und Gemüse, falls es kein frisches Kraut gibt

CURRY   für Fleisch, Saucen und Reisgerichte

DAJONG   vor allem für chinesiche Gerichte, feines Gewürz auch für Suppen und Fleischmarinaden.

FENCHEL   die Samen an Tomatensugo.

FISCHGEWÜRZ	gibt es fertig zu kaufen, Sie können es aber auch selbst herstellen. Siehe Fischgewürz *
FLÜSSIGWÜRZE	pflanzlichen Ursprungs, wie Sojasoße, Maggi oder Vitam R aus dem Reformhaus.
GLUTAMAT	neutraler Geschmacksverstärker, Grundlage für für viele Würzmittel.
HERBES DE PROVENCE	spezielle Kräutermischung aus Oregano, Basilikum, Rosmarin und anderen Kräutern.
KÜMMEL GANZ	für Kraut und Karoffelgerichte und Käse.
LORBEERBLÄTTER	für Blausud, Fisch und Wild.
MAJORAN	gerebbelt an Hackfleischgerichte, Kartoffelsuppe etc.
MUSKAT	an Spinat, Rösti und andere Kartoffelgerichte.
NELKEN GANZ	an Blausud.
PAPRIKA	Rosen- und Delikatesspaprika für Fleisch.
PFEFFER	in den Sorten: schwarz, weiß und rosa.
PILZMEHL	oder getrocknete Pilze für Suppen und Saucen.
ROSMARINNADELN	an Lamm, Kalb und Geflügel.
ROSMARIN	gemahlen an Tomatengerichte.
SAMBAL OELEK	scharfes Peperonimus für asiatische Gerichte.
THYMIAN	für Wild und Gemüse.
VANILLESCHOTE	und echter Vanillezucker für Süßspeisen.
WACHHOLDER-BEEREN	für Blausud und Wild.
ZIMT	für Süßspeisen.

Das in den Rezepten angegebene

Suppengrün

gibt es nicht in allen Gegenden schon fertig gebündelt. Wenn Sie
ein solches besonders gut zusammenstellen wollen, brauchen Sie:

1 Stück Selleriewurzel, ersatzweise 1 Stange Bleichsellerie,
1 Petersilienwurzel, ersatzweise Stengel von Schnittpetersilie,
1-2 gelbe Rüben (Möhren)

1 Lauchstange
1 Zweig Selleriekraut
1 Zweig Liebstöckel

Mit Kräutern würzen

Basilikum (Ocium basilicum)
feines Würzkraut für Salate und Tomatengerichte.   b
Magen- und darmberuhigend.

Boretsch (Borago officinalis L.)
sehr frisch an Gurkensalate, nur roh verwendbar.   bo
Gutes Fiebermittel.

Dill (Anethum graveolcus)
für Salate und Fischgerichte geeignet.   d
Feines Dillgrün wirkt drüsenanregend.

Estragon (Artemisia dracunculus)
nur in kleinen Mengen verwenden,schmeckt sonst salzig.   e
Wirkt blutreinigend und appetitanregend.

Gänseblümchen (Bellis perennis L.)
Blättchen davon an Salate, Blüten ebenso und an Suppen.   g
Gänseblümchen wirken blutreinigend.

Kapuzinerkresse (Tropaeolum majus L.)
Junge Blättchen und Blüten an Salate.Wurzeln feinhacken. k
Kapuzinerkresse ein guter Schutz gegen Darminfektionen.

Liebstöckel (Levisticum officinale Koch)
aromatisches Würzkraut für Salate, Suppen und Saucen.   l
Ein magenfreundliches, harntreibendes Kraut.

Majoran (Majorana hortensis)   *m*
einheimisches Würzkraut vor allem für Hackfleischgerichte.
Krampflösendes, magenstärkendes und anregendes Kräutlein.

Petersilie (Petresilium sativum und hortense Hoffm.)   *pe*
glattblättrige Sorte ist aromatischer, wird am häufigsten verwendet. Blättchen roh zufügen. Stiele an Suppen und Saucen, ebenso
die Wurzeln beigeben. Petersilienblätter wirken blutbildend.

Pimpinelle (Pimpinelle saxifraga L.)   *p*
am besten frisch an Salate, Quark und Dippsaucen.
Pimpinelle wirkt steinlösend und mildert Asthma.

Rosmarin (Rosmarinus officinalis)   *r*
die Nadeln an Geflügel, Rosmarinpulver an italienische Gerichte.
Rosmarin wirkt herz- und nervenstärkend.

Salbei (Salvia officinalis)   *s*
für Fisch und italienische Fleischgerichte, für Kräuteressigbe-
reitung und in kleinster Spur an Salate.
Salbei wirkt ausgezeichnet bei Mundinfektionen.

Schnittlauch (Allium schoenoprasum)   *sch*
an Salate und Suppen immer erst zuletzt aufstreuen, nicht wärmen.
Mit scharfem Messer schneiden, nicht mit Schere quetschen.
Blüte kann mitverwendet werden. Schnittlauch wirkt entwässernd.

Thymian (Thymus vulgaris L.)   *th*
an Fleisch und Gemüsegerichte geben, wie in den Rezepten ange-
zeigt. Thymian wirkt heilend bei Mund - und Racheninfektionen.

Zitronenmelisse (Melissa officinalis L.)   *z*
feinaromatisches Würzkraut für Salate, Saucen und Quark.
Zitronenmelisse wirkt beruhigend.

Gutes Handwerkszeug

ist in jeder Küche unentbehrlich. Bei der Anschaffung von technischen Hilfsmitteln sollten Sie darauf achten, daß die Geräte wirklich praktisch sind und die versprochene Arbeitserleichterung bringen, denn wenn die anschließende Reinigung zeitraubend ist, wird manches mit der Hand mit einem guten Messer schneller erledigt. Womit wir schon beim wichtigsten Handwerkszeug in der Küche wären. Sparen Sie hier nicht am verkehrten Platz. Sie brauchen:

1 kleines Messer zum   1 Allzweckmesser
Gemüseputzen   stabil

1 großes Messer mit fester, glatter Klinge zum Schneiden von Fleisch, sonst fasert dieses, 1 großes festes Messer zum Brotschneiden und 1 kleines Sägemesser mit dem sie auch Tomaten gut schneiden können. Achten sie darauf, daß die Klinge vorsteht, sonst klemmen Sie sich beim Schneiden die Finger ein. Das zweite wichtige Instrument der schnellen Küche ist eine Stielpfanne von allerbester Qualität, an der Sie lange Jahre Ihre Freude haben. Nehmen sie eine Pfanne, die Sie hoch erhitzen können, das ist sehr wichtig bei Kurzge- richten. Wenn die Pfanne auch noch einen Deckel hat, erspart sie einen zusätzlichen flachen Topf. Nützlich wäre auch noch ein kleines Stielpfännchen. Einen großen Topf benötigt man zum Abkochen von Nudeln oder für Suppe. Für kleinere Töpfe wählen Sie am besten ein Herd - Tisch - Geschirr, in dem Sie kochen und auftragen können. Außerdem hält es sehr lange die Speise heiß. Ein Glasdeckel wäre sehr günstig um den Kochvorgang beobachten zu können. Glasdeckel erübrigen ein öfteres Abheben und verhin- dern unnötige Sauerstoff- zufuhr. Ein Verko- chen der Gemüse ist dabei ebenfalls leicht zu verhindern. Wenn Sie aber nur auf ein Blitzko- chen eingestellt sind, dann sollten Sie an die Anschaffung eines guten Schnellkochtopfes denken, vor allem für sonst langwierigere Ge- richte. Und somit wäre dann eigentlich schon das Allerwichtigste beisammen. Wenn Sie einen Elektroquirl besitzen, über einen Kühlschrank und eine Kochstelle verfügen, fehlen eigentlich nur noch ein paar Kleinigkeiten, die Sie aber sicher schon besitzen.

Apfelausstecher

Alufolie

Backblech

Bräter oder kl. Bratreine

Bratenwender, Backschaufel

Butterbrotpapier

Dosenöffner

Eierschneider

feuerfeste Form mit Deckel

Gemüseschäler

Gurkenhobel, der auch für

Kraut verwendet werden kann

Korkenzieher

Passiersieb

Pfeffermühle

Reibeisen für Rohkost u. Käse

kl. Reibmaschine f. Nüsse

kl. Reibeisen für Muskat

    und Zitronenschale

2 Salatsiebe nicht zu klein

Salzstreuer, Salatbesteck

Schneebesen ev. Schneerädchen

Schneidebretter groß und klein

Schöpflöffel groß und klein

Schüsseln in vielen Größen

Sieb für Mehl

Siebeinsatz zum Kartoffelkochen

Kartoffelschäler und - gabel

Kochlöffel mind. 3 Stück

Kuchengitter

Küchencrepp

Küchenschere

Maß- und Mixbecher

Spatzenbrettchen

Springform

Teigrädchen

Tasse zum Abmessen

Zitronenpresse

Küchenwaage, am besten
Wandwaage, die keine
Stellfläche wegnimmt.

Rezept

ABC

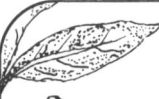

Aal blau

für 1 Person:

ca 250 g Aal

Weinessig
Blausud* S.43

nach dem Ausnehmen, was ja meist der Fischhändler macht, den Aal mit Salz einreiben, kurz kalt waschen, mit begießen. Zugedeckt kühlstellen. bereiten, den Aal in den etwas abge- kühlten Sud legen und ca **15 Min.** bei kleiner Hitze ziehen lassen. Beilage: Dampfkartoffeln, flüßige Butter oder auch Meerrettichsahne*.

Aal geräuchert

schmeckt am besten, wenn man ihn vor Gebrauch in Butterbrotpapier oder in Alufolie wickelt und in einer Pfanne mit Deckel oder im Bratrohr aufwärmt.

Als Vorspeise für 1 Person:

50 - 100 g Räucheraal

als Beilage: kräftiges Schwarzbrot, ohne Butter! Apfelmeerrettich* oder Apfelmeerrettichjoghurt* S.29

Aal grün

für 1 Person:

ca 250 g frischen Aal
  Weinsud* S.197

1 Tasse süße Sahne
1 EL Dill
weißem Pfeffer und
Streuwürze

gleich vom Händler abziehen lassen, herstellen,darin **15 Min.** ziehen las-- sen.Inzwischen
cremig einkochen lassen, mit feinstgehackt,

abschmecken. Den Fisch in Filets geteilt,damit übergießen.
Als Beilage: Dampfkartoffeln*,Salat.

Ackersalat

sollte man sich gönnen, wenn er geputzt erhältlich ist.Rezept
siehe Feldsalat. Besonders gut: Feldsalat SPEZIAL *

Aioli
feine französische Eiersauce zu Fisch

für 2 Personen:

2 Knoblauchzehen	pressen, zu
2 Eigelb	in ein feuerfestes Töpfchen geben,mit
1/2 Tasse Öl	tropfenweise verrühren bis die Masse dicklich ist.
1/2 Tasse Fischsud	in dem der Fisch gerade gekocht wurde, zufügen und im Wasserbad oder auf kleiner Hitze mit dem Schneebesen schlagen, bis die Masse dickcremig ist.Nach Belieben mit dem Saft und der feingeriebenen Schale von
1/2 Naturzitrone	abschmecken.

Ajoceite
spanische Knoblauchsauce aus Vendrell

wird stilecht im Mörser bereitet, aus Zeitmangel nimmt man das
Rührgerät. Angegebenes Quantum ist günstig, die Sauce hält sich
im Kühlschrank, paßt zu Fleisch, Fisch, Eiern und Kartoffeln.

4 Knoblauchzehen	geschält mit
1/2 TL Meersalz	vermusen,
3 Eigelb	
1 TL Zitronensaft	zufügen, fest verrühren, nach und nach
1 Tasse Olivenöl oder Keimöl	in kleinen Portionen einrühren bis die Sauce eine feste Konsistenz erreicht hat. VARIATION: 1/16 l süße Sahne steifgeschlagen locker unterheben.Mit Petersilie bestreuen.

Alfalfa

fadendünne,vitaminreiche Sprossen,können selbst wie Kresse gezogen werden,für 1 Person 30- 60 g mit Salatsoße Nr.1* anmachen.

Amerikanisches Omelett

für 1 Person:

1 Brötchen 1/2 Tasse heiße Milch	in eine kleine Schüssel zerpflücken, darübergießen und aufweichen lassen. Inzwischen Tomaten-oder Gurkensalat vorbereiten.
1 Scheibe gekochten Schinken 2 Eiern	in kleine Quadrate schneiden,mit zu dem Brötchen geben und alles gut vermischen.
1 EL Butter oder Öl	in einem Pfännchen von ca 20cm Ø erhitzen,Masse einfüllen, goldgelb backen,Hitze reduzieren und wenden. 2.Seite nur kurz backen. **8 Min.**

Ananas-Nachtisch   einfach und sehr erfrischend

für 1 Person:

1 Scheibe Ananas frisch oder aus der Dose	in einem Kompotteller zugedeckt in den Kühlschrank stellen. Vor dem Verzehr bei frischer Ananas,Innenteil rund aus-stechen , in die Mitte
1 Cocktailkirsche Maraschino	legen und mit beträufeln.Für Kinder Saft angießen.

Ananaskraut

für 2 Personen:

1 EL Öl 400 g Weinsauerkraut Weißwein und Brühe	erhitzen, locker hineingeben,mit aufgießen, nur so viel damit sich das Kraut nicht anlegen kann. Für frisches Kraut Garzeit **15-20 Min.** im Schnell-kochtopf und bei Verwendung von Dosen-kraut **8-10 Min.**
4 EL Ananas in Stücken	in das Kraut geben. Fertig.

Angelschellfisch blau mit Walnuß-Butter

für 1 Person:

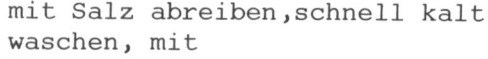

250 - 300 g Schellfisch	mit Salz abreiben,schnell kalt waschen, mit
Zitronensaft	beträufeln, kühl stellen.Inzwischen
Blausud*	bereiten, etwas abkühlen lassen,den Fisch einlegen. Je nach Stärke des Stückes ca **10–12 Min.** nur leise ziehen lassen bis das Fleisch weiß u. fest geworden ist und aufblättert.

Walnussbutter

2 –3 EL Butter	erwärmen,
1 Msp Salz	und
1 EL Walnußkerne	gehackt einrühren.Diese separat zum Fisch geben.Kartoffeln als Beilage. VARIATION: Fisch wie oben garen und eine Aioli * dazugeben.

Angelschellfisch

von Nelly aus Genua

für 1 Person:

1 Scheibe Angelschell- fisch von 250 g	kurz waschen,mit
Essig	beträufelt durchziehen lassen.
3 Tassen Wasser	mit
5 EL Salz	aufkochen bis das Salz gelöst ist- Wenn etwas abgekühlt den Fisch ein- legen und **10 Min.** ziehen lassen.
2-3 EL Butter	zerlaufen lassen,
1 EL franz. Kräutersenf	einrühren und erhitzen.Als Beilage Dampfkartoffeln und Spinat aus der Pfanne *.

Angemachter Käse   siehe Camembert und Quark angemacht*

Der Apfel

ist gesund und gehört zu den wenigen Obstsorten, die auch noch im gekochten Zustand wertvoll sind. So ist der Apfelbrei, wenn er einige Tage im Kühlschrank steht und Pektine bildet, ein ausgezeichnetes Mittel gegen Darmstörungen. Roh gekaut sorgen Äpfel für eine gute Verdauung. Also eine köstlich gesunde Angelegenheit. Äpfel aus südlichen Ländern müssen öfter gespritzt werden als bei uns,deshalb sollte man sie gründlich w a r m waschen und fest abreiben.

Apfelbrei

1 kg Äpfel	werden nach dem gründlichen Waschen von Blüte und Stiel befreit, geviertelt m i t Kernhaus in einen Topf gegeben.
1/2 Naturzitrone	
1/2 Zimtstange	und so
wenig Wasser	zugeben, daß gerade der Boden bedeckt ist.Zugedeckt dünsten.Durchpassieren und dann erst, falls nötig,
Zucker od.Honig	beifügen.Andere Art: Äpfel im Backrohr als Bratäpfel garen und dann durchpassieren. Sehr gut!

Apfeldessert

für 1 Person:

1 Apfel	schälen, Kernhaus ausstechen, 1 cm dicke Scheiben schneiden. In einer Stielpfanne
1 EL Butter	und
1 EL Rohrzucker	erwärmen, Apfelscheiben hineingeben, braten,
1 EL Walnüsse	grobgehackt mitbräunen,auf die Äpfel geben.

Nach Belieben kann man 1 Gläschen Calvados angießen! Gut und schnell gemacht!

Apfelküchle

für 2 Personen:

2-3 mürbe Äpfel	dünn schälen,mit Apfelausstecher vom Kernhaus befreien, in Ringe von 1,5 cm schneiden und mit

Rum und Zitronensaft	beträufeln,zudecken.
Ausbackteig * S. 34	herstellen, Ringe durchziehen, in reichlich
Öl oder Butterschmalz	in einer Pfanne schön goldgelb beidseitig herausbacken. Auf Küchencrepp abtropfen lassen. Mit
Zucker und Zimt	bestäuben.

Apfelkuchen gestürzt

	eine Springform von 26 Ø mit Folie belegen, diese mit
40 g Butter	bestreichen und
50 g Walnußkernen oder Mandeln	belegen.
3/4 kg säuerliche Äpfel	schälen, Kernhaus ausstechen,in Scheiben schneiden, diese halbieren, auf die Nüsse legen. Siehe Zeichnung. Zum Teig:
100 g Butter,1Msp Salz 125 g Zucker 1 Vanillezucker	schaumig rühren,
3 Eier	zufügen, lockere Schaummasse rühren. Backröhre auf 210° vorheizen.
140 g Mehl Typ 1050 1 EL Rum	gesiebt unter den Teig heben und einrühren. Diese Masse auf die Äpfel füllen.Auf der untersten Schiene im Backrohr ca. **40 Min.** belassen. Abgekühlt den Ring der Springform lösen,ggf.Kuchen mit Messer vom Rand lockern. Tortenplatte darauflegen und den Kuchen stürzen.Folie abziehen. Fertig!

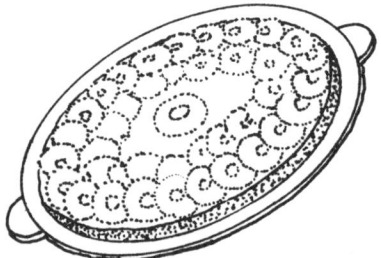

Apfelkuchen mit Quark-Ölteig

Quark- Ölteig * S.155	herstellen,
7-8 mürbe Äpfel	schälen, vierteln, Kernhaus entfernen,in nicht zu dünne Spalten schneiden, den Teig mit
flüssiger Butter	bepinseln und nach Belieben mit
6 El Mandeln	gerieben, bestreuen, dann die Äpfel dicht darauflegen. Im vorgeheizten Backrohr bei 200° erst mit Alufolie bedeckt, dann offen ca **30 Min.** backen. Noch warm mit
Zimtzucker	bestreuen. Kann gut eingefroren werden.

Apfelmeerrettich

gibt es zwar fertig zu kaufen,wenn Sie aber selbst mixen möchten:

50 g Meerrettich	reiben,mit
2 EL Apfelbrei	verrühren, fertig! **Oder** :
1/2 Apfel	reiben, mit Zitronensaft unter
50 g Meerrettich	mischen.

Apfelmeerrettich-Joghurt

dem obigem Rezept werden zugefügt:

1/2 Tasse Joghurt	
1 Msp Salz	
1 Msp Zucker	und nach Belieben,die feingeriebene Schale
1/4 Naturorange	mit unterschlagen.

Apfelmeerrettich-Sahne

50 g Meerrettich	reiben,
1-2 EL Orangensaft	darübergießen,
2 EL Apfelbrei	und
4 EL süße Sahne	steifgeschlagen unterheben. Sehr fein!

Apfelmus   siehe **APFELBREI**

Apfel-Strudel

selbstgemacht nimmt normalerweise viel Zeit in Anspruch zur Bereitung des Teiges und für das Aufschneiden der Äpfel. Hier ein Rezept, das auch in der schnellen Miniküche hergestellt werden kann.

Für 2 Personen oder für 1 Pers. und den Rest zum Kaltessen.

1 Paket Tiefkühlblätterteig	auftauen lassen, ca 1/4 des Teiges kann man für ein anderes Gebäck wegnehmen,z. B. für Käsestangen*.
3/4 kg säuerliche Äfel	gut warm waschen,Kernhaus, BIüte und Stiel entfernen. Nach Belieben ungeschält auf dem Gurkenhobel blättrig schneiden, dies geht sehr schnell. Damit die Apfelscheibchen nicht anlaufen, mit dem Saft von
1 Zitrone	beträufeln.
100 g Sultaninen	in
Rum	einweichen. Den inzwischen aufgetauten Blätterteig zu einer Teigplatte auswellen, diese mit
30 g zerlassener Butter	bestreichen und mit den Sultaninen,
50 g Mandelstiften	und
2 EL Rohzucker	bestreuen.Am unteren Teil der Teigplatte die Äpfel auflegen.Siehe Zeichnung. Äpfel nach Belieben mit
Zimtzucker	bestreuen. An den Längsseiten die Teigränder einschlagen. Den Strudel mit Hilfe des Tuches auf dem er ausgerollt wurde, aufrollen und auf ein mit Folie belegtes Blech gleiten lassen. Löcher in den Teig einstechen. Mit
1 Eigelb und 1 EL Rahm	vermischt, bepinseln, bei 220° in der Mitte des Backherdes ca. **40 Min.** belassen.

Dieser Apfelstrudel schmeckt warm und kalt gut.

Aprikosen

reich an Vitamin A + C
sowie Kalium, sollten nur gut
reif verwendet werden, damit das
Aroma voll zur Geltung kommt.

Aprikosen-Dessert

für 2 Personen:

250 g sehr reife Aprikosen	waschen,entkernen,mit dem Mixstab pürieren,
3 EL Zucker	oder mehr,je nach Süße der Früchte,
1 EL Aprikosengeist	und
1 EL Zitronensaft	zufügen.
1/8 l süße Sahne	steifschlagen,mit
125 g Himbeeren	locker unter das Mus heben.

Aprikosenknödel

für 2 Personen oder als Dessert für 3 Personen.

40 g Butter	mit
2 EL Zucker,1 Msp. Salz	und
150 g Quark	verrühren.Mit
80 g Mehl u.1 TL Grieß	vermischen,3/4 Std.kühlstellen.
6 Aprikosen	abwaschen,abtrocknen,kleinen Längsschnitt machen und den Kern herausholen,diesen durch insgesamt
6 ungeschälte Mandeln	ersetzen(sehen dann wie echte Kerne aus). Den Teig in 6 gleichgroße Stücke teilen,etwas flachdrücken, die Aprikosen einhüllen,runddrehen. In einen Topf 3cm hoch kochendes Wasser füllen,gefetteten Siebeinsatz einstellen,Knödel darauf zugedeckt **12 Min.** garen. Im Schnellkochtopf **6 Min.** Garzeit.

50 g Butter	in einem Pfännchen erhitzen,
2 EL Zucker	und
4 EL Semmelbröseln	einrühren und leicht gebräunt über die Aprikosenknödel gießen.

Arme Ritter

können Sie leicht bereiten, wenn Sie ein paar Brötchen vom Vortag übrig haben oder ein Stück von einem Hefezopf alt geworden ist.

für 1 Person:

1-2 Brötchen	in ca 1,5 cm Scheiben schneiden, mit
1-2 Tassen Milch	**(lauwarm)** übergießen, aufeinandergelegt durchziehen lassen,
pro Brötchen 1 Ei	mit
1 EL Rahm oder	
1 EL Rum	verschlagen. In einer Stielpfanne insgesamt
2-3 EL Butter und	
1 EL Öl	gemischt erhitzen. Die Brötchenscheiben durch das Ei ziehen und im Fett von beiden Seiten goldgelb backen. Ca **8 Min.** dann mit
Zimtzucker	bestreuen. Beilage Kompott.VARIATION: Brötchen nach dem Einweichen in Ausbackteig wenden und backen.Ebenfalls Kompott dazu.

Artischocken

beleben Leber und Gallefunktion.Dies ist aber nicht das einzige Plus dieser Distel. Artischocken bedürfen keiner Aufsicht und sind deshalb ein angenehmes Essen. Auch wenn Gäste kommen!

für 1 Person :

1 große Artischocke	knapp am Stiel abschneiden, gleich mit
Zitronensaft	beträufeln, in reichlich
Salzwasser	mit
1 Lorbeerblatt	
5 Pfefferkörnern	und
1 Stück Zitrone	**45 Min.** zugedeckt kochen lassen,im Schnellkochtopf ca.**8 Min.** wenn sich die Blätter leicht herausziehen lassen, ist sie fertig. Umgekehrt abtropfen lassen. Warme Artischocke mit Holländischer Sauce* Ajoceite* oder Vinaigrette * geben,kalte Artischocke mit Joghurt-Kräutersauce*gut.

Auberginen

gehören zu den Nachtschattengewächsen und können deshalb wie die Kartoffel nicht roh gegessen werden. Da ein großes Putzen entfällt, sind Auberginen schnell und einfach zubereitet.

Auberginen gebacken

für 1 Person:

1 mittlere Aubergine v. ca 200 g	waschen,Stiel entfernen und in Längsscheiben aufteilen,mit
Knoblauchsalz Zitronensaft Basilikum	und gehacktem würzen.Durchziehen lassen.Inzwischen
Ausbackteig *	herstellen, die Scheiben darin wenden und in der Stielpfanne in reichlich
Butter-Öl-Gemisch krause Petersilie Zitronenscheiben	goldgelb ausbacken. Gewaschene,trockene ebenfalls in Teig tauchen,backen, mit auf die Auberginen legen und sofort zu Tisch geben,damit die Auberginen nicht lasch werden. Salat dazu reichen. **6 Min.**

Auberginen mit Joghurt

für 1 Person:

1 mittlere Aubergine	waschen, Stiel abschneiden,in 2 cm dicke Längsstreifen teilen, mit
Salz	bestreuen,durchziehen lassen, mit Küchencrepp trockentupfen. In einer Stielpfanne von 28 cm ∅
2-3 EL Öl 6 EL Joghurt 1 EL Zitronensaft 3 Knoblauchzehen	erhitzen, beidseitig braun braten. mit und nach Belieben mit gehackten vermischen, auf die Auberginen verteilen und warm oder kalt auftragen.

Ausback-Teig

der immer knusprig ist

für 2 Personen:

75 g = 3/4 Tasse Mehl	in einen Rührbecher geben,
4-5 EL Weißwein oder Mineralwasser	
2 Eigelb, 1/4 TL Salz	und
1 EL Öl	zufügen und alles verrühren. Teig stehen lassen. Inzwischen das auszubackende Gemüse oder Obst vorbereiten.
2 Eiweiß	mit
1 TL Zitronensaft	sehr steif schlagen, unter den Teig heben.Gemüse oder Obst eintauchen und ausbacken.

Austernpilze   (Pleurotus ostreatus)

Zuchtpilze, die eine Bereicherung auf dem Speiseplan darstellen. Sie sind schnell bereitet da ein großes Putzen entfällt. Nicht waschen, notfalls mit feuchtem Küchencrepp abreiben.Stiele kürzen.

Austernpilze gebraten

für 1 Person:

ca 200 g Austernpilze	säubern,in einer Stielpfanne
1 EL Butter u.1 TL Öl	heiß werden lassen, Pilze zunächst mit der Kappe nach unten anbraten, wenden und dann erst mit
Salz und Pfeffer	bestreuen,fertigbraten und sofort mit Schwarzbrot oder als Beilage zu Fleischgerichten geben.VARIATION: die Pilze zusätzlich mit gehacktem Knoblauch bestreuen und ca.8 Basilikumblätter mitbraten. Garzeit **6 Min.**

Austernpilze gebacken

die Pilze wie oben vorbereiten, Ausbackteig * herstellen, die Austernpilze darin wenden und in einer Öl-Buttermischung backen. Mit Zitronencheiben und eventuell gebackener Petersilie zu Tisch geben.Ausbackteig s.Rezept oben.

Foto:

Avocado- Cocktail mit Krabben *

                Feldsalat mit
                Sojasprossen und
                Champignons *

Kalbskotelett indisch *

Austernpilz-Salat

für 2 Personen:

250 g Austernpilze	putzen wie angegeben, in 2 cm Längs- streifen schneiden, mit
Zitronensaft	und
1 TL Sojasoße	beträufeln. In einer Kasserolle ca

	3 Min. bei kleiner Hitze ohne Fett nicht zu weich dünsten. Die Pilz- streifen in eine Schüssel legen.
1 EL Öl, 1 Msp Salz	
2 EL Weißweinessig	
1 EL Wasser	vermischen und über die Pilze geben. Nach Belieben
1 Knoblauchzehe	und
Petersilie	beides feingehackt darüberstreuen.

Avocado

grüne,birnenförmige Frucht,reich an ungesättigten Fettsäuren und
Mineralstoffen - ist sehr vielseitig zu verwenden.Richtigen Rei-
fegrad prüfen, wichtig für den Geschmack! Am Stielende sollten
Avocados auf Druck leicht nachgeben.Sollten sie noch zu hart sein,
dann in Zeitungspapier wickeln und im warmen Raum 1-2 Tage lagern.

Avocado-Cocktail

für 1 Person:

1 Avocado	halbieren,Kern entfernen, mit Kugelausstecher kleine Bällchen formen,in einem Glas mit dem Saft von
1 Blutorange	und
1 EL Orangenalkohol	begießen,
2 EL Shrimps frisch	oder
gefriergetrocknet	letztere kalt überbrausen und abgetropft zu den Avocadobällchen geben.Sehr kalt stellen. Mit
rosa Pfefferperlen	und sehr feingehacktem
Dill	bestreuen. Für Gäste sehr geeignet.

Avocado-Dessert

für 2 Personen:

1 Avocado	halbieren, Kern entfernen, mit
Zitronensaft	beträufeln, leere Kernhöhlung mit
Zitroneneis	füllen,
Eierlikör	darübergießen,mit kleingeschnittenen
Pistazien	bestreuen.

Avocado mit Kaviar

für 2 Personen: Vorspeise

1 Avocado	halbieren,Kern entfernen,
50 g Keta Kaviar	auf beide Hälften verteilen,
1 Schalotte	feingehackt, anstreuen,
2 EL Crème fraîche	darübergießen,
1 hartgekochtes Ei	gehackt daraufstreuen.

Avocado mit Krabben

für 1 Person:

1/2 Avocado	halbieren, Kern entfernen,mit
Zitronensaft	beträufeln,
2 EL frische Krabben oder gefriergetrocknete	letztere mit kaltem Wasser überbrausen,auf Küchencrepp abgetropft in die Kernhöhlungen füllen, mit
Salatsauce Nr. 2 S.171	oder
Cocktailsauce * S.54	begießen.

Avocado mit Vinaigrette

für 1 Person :

1 Avocado	wie oben vorbereiten, erst kurz vor Gebrauch
Vinaigrette siehe S.170	
	in die Kernlöcher geben und auslöffeln.

Avocado-Suppe

für 1 Person:

1/2 Avocado	schälen, oder halbieren und Frucht-fleisch mit Löffel herausholen, in einen Mixbecher geben und mit
1 EL Zitronensaft	und
3 EL süßer Sahne	pürieren.
1 Tasse Hühnerbrühe	mit
Curry	würzen, erhitzen, das Avocadomus ein-rühren bis es heiß ist, sofort servie-ren. Nach Belieben kann man die Suppe kräftiger machen indem man
*1 EL Krabben frisch oder gefriergetrocknete,	kurz kalt abgebraust und abgetropft in die heiße Suppe einrührt.

Avocado-Tomatensalat

für 2 Personen:

1 Avocado	halbieren, Kern entfernen, Fruchtfleisch ohne Schale in 3 mm Scheibchen schneiden.
3 Fleischtomaten	warm waschen, Stielansatz entfernen, ebenfalls in 3 mm Scheiben schneiden, ziegelartig auf eine Platte legen,
1 weiße Zwiebel	in Ringe gehobelt, darauf verteilen.
Salatsauce Nr. 1* S.170	darübergießen und sehr gut durchziehen lassen. Zum Schluß feingehacktes
Basilikum	anstreuen.

VON GUDRUN

Bananen-Dessert

für 1 Person:

1 kleine Banane	schälen, in Rädchen schneiden, mit dem Saft von
1/2 Orange	beträufeln, die andere
1/2 Orange	schälen, in dünne Scheiben schneiden, diese vierteln, unter die Banane mischen und zugedeckt kalt durchziehen lassen.
1 EL Mandelstifte	in
1 TL Butter u.1TL Honig	geröstet, anstreuen. Nach Belieben
2 EL Schlagsahne	unterheben.

Bananen flambiert

von MIMI

für 1 Person:

1 Banane	schälen, der Länge nach halbieren, in
2 EL Mandelblättchen	wälzen. In einer Stielpfanne mit Deckel
1 EL Butter u. Honig	schmelzen, Banane darin leicht braten.
2 EL Orangenalkohol *	oder
2 EL 54% Rum	erwärmen, darübergießen und sofort anzünden. Mit Deckel die Flamme löschen damit das feine Aroma erhalten bleibt.

Bananen-Käse-Happen

für 2 Personen:

1 kl. franz.Stangenbrot	in 1,5 cm Scheiben schneiden,mit
Butter	bestreichen,
2 Bananen	schälen, in ebenso dicke Scheibchen schneiden und auf die Brotscheiben legen.
ca 50 g Walnußkerne	daraufverteilen und mit
150 g jungem Gouda	in nicht zu dünnen Scheiben in der Größe der Brötchen, abdecken.Bei Oberhitze im Backrohr bei 220° auf der obersten Rille den Käse schmelzen lassen. **8–10 Min.**

Bandnudeln mit Pilzen

für 1 Person:

100 g Bandnudeln Salzwasser mit 1 TL Öl	in reichlich nicht zu weich kochen. Auf einem Sieb abtropfen lassen. In der Zwischenzeit
125 g jungen Spinat	waschen, große Blätter in Streifen schneiden, gut abtrocknen lassen.
100 g Austernpilze oder 100 g Champignons	auch ersatzweise mit feuchtem Küchencrepp säubern, nicht waschen, sonst ziehen sie zuviel Wasser. Die Stiele kürzen und in nicht zu dünne Blätter schneiden.
1 EL Butter u.1 El Öl	in einer Stielpfanne erhitzen, den trok- kenen Spinat und die Pilze bei starker Hitze darin anbraten, die Nudeln zufügen, nach Belieben
1 Knoblauchzehe	hineinpressen und alles gut vermischen. Heiß auftragen und nach Belieben
Reibekäse	anstreuen. Gesamtgarzeit **15 Min.**

Bandnudeln mit Weißkraut

für 1 Person:

100 g Bandnudeln ca 200 g Weißkraut	wie oben kochen, abtropfen lassen, waschen, feinnudelig schneiden oder ho- beln.
3 EL Butter Salz, Pfeffer u. Paprika	erhitzen, das Kraut hineingeben, mit würzen, bei hoher Hitze nur kurz braten. Nudeln beifügen, durchrühren bis alles heiß ist. VARIATION: Reibekäse auf das fertige Gericht streu- en – die Pfanne zudecken bis der Käse geschmolzen ist. Gesamtgarzeit **18 Min.**

Nicht bräunen!

Bauernomelette

kann gut aus übriggebliebenen Kartoffeln hergestellt werden.

für 1 Person:

3 mittlere Kartoffeln	schälen, in ca 5 mm Scheibchen,
1 mittlere Zwiebel	in Ringe und
1 Paprikaschote	waschen, entkernt mit Zwiebel und Kartoffeln in
1 El Butter u.1 EL Öl	anbraten. Mit
Pfeffer und Paprika	würzen.
2 Eier	
1/2 Tasse dickem Rahm	verklöppeln, über das Gericht geben und stocken lassen, gleich vom Feuer nehmen, denn die Eier garen in der Pfanne noch nach. Dick mit
Schnittlauch	bestreut auftragen.

Bearnaise-Sauce

für 2 Personen:

2 EL Estragon - Essig
2 Eidotter, 1 Msp Salz
1 Msp weißen Pfeffer
1 EL Brühe

Estragon

zusammen im Wasserbad cremig schlagen bis Masse dicklich ist.

80-100 g Butter	erwärmt, portionsweise unterschlagen und
1 EL Estragonblätter	feinstgehackt unterziehen.

Beefsteak siehe:

Deutsches Beefsteak *	Hamburgers *	Lendenschnitte *
Filetbeefsteak *	Rumpsteak *	Tatarbeefsteak *

Blaukraut siehe Rotkraut S.167

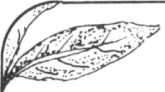

Blausud

für 1 Portionsfisch ;

2 Tassen Weißweinessig
2 Tassen Wasser
1 EL Salz
1 TL Zucker

2 Lorbeerblätter
6 Wachholderbeeren
2 Nelken
1/2 TL weiße Pfefferkörner

1 Stück Sellerieknolle ın Stifte oder
1 Stengel Staudensellerie in Stücke
1/2 Stange Lauch in Rädchen
1 große Zwiebel in Ringen
1 gelbe Rübe in Scheibchen

alles zusammen **10–15 Min.** zugedeckt köcheln lassen.Abschmecken!

Bleichsellerie siehe Staudensellerie

Blumenkohl

ein ganzer Blumenkohl ist meist zu viel für 1 Person, nehmen Sie aber trotzdem einen ganzen. Sie können aus dem Rest einen guten Rohkostsalat oder ein Blumenkohlschnitzel am anderen Tag braten.

Blumenkohl mit Butterbröseln

1 Blumenkohl

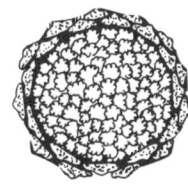

3 EL Butter
4 EL Semmelbrösel
4 EL Weizenkeime

von den Blättern befreien, in Salzwasser legen, ggf. teilen und eine Hälfte roh auf die Seite legen für eine andere Zubereitungs-art.Sonst ein Kreuz in den Strunk einschnei-den. In reichlich Salzwasser mit dem Strunk nach unten garen, je nach Größe **15–20 Min.** im Schnellkochtopf **6 Min.**- dann auf ein Sieb zum Abtropfen legen. In einem Pfännchen aufschäumen lassen,

oder

einrühren, anlaufen lassen und über den Kohl geben.

Blumenkohl mit Käse

für 2 Personen:

1 Blumenkohl	kochen wie im Rezept vorher,
100 g jungen Gouda	gerieben mit
1 Tasse süßer Sahne	in einem feuerfesten Pfännchen erwärmen, bis sich eine glatte Masse gebildet hat.
2 Eiweiß	mit
1 Msp Salz	sehr steif schlagen, unter die heiße Käsemasse heben u. den Blumenkohl in einer Auflaufform damit überziehen. Bei 220° im vorgeheiztem Bratrohr ca. **15 Min.** überbacken, schön goldgelb soll die Haube sein!

Blumenkohl-Salat gekocht

für 1 Person:

1/2 Blumenkohl	wie im Rezept Blumenkohl gekocht * bereiten, ggf. vor dem Kochen in Röschen teilen. Mit
Salatsauce 1*S.170	übergießen, gut durchziehen lassen, mit
Schnittlauch	bestreuen.

Blumenkohl-Salat roh

für 1 Person:

1/2 kl. Blumenkohl	in Salzwasser waschen, abtropfen lassen, fein hobeln oder in Scheibchen schneiden,
1 kl. Möhre	geraffelt zugeben,
1 EL Nüsse	gehackt darüberstreuen,
3 EL süße Sahne	verrühren und mit dem Saft von
1/2 Orange	unter den Blumenkohl mischen. Mit hartgekocntem Ei oder kaltem Fleisch sehr gut.

Blumenkohl-Schnitzel

für 1 Person:

1/2 Blumenkohl	putzen, waschen, in Salzwasser legen. Inzwischen Panade und eventuell Beilagen vorbereiten.
1 Ei, 2 El Mehl, 1 EL dicken Rahm	fest verschlagen. Blumenkohl im Ganzen kochen wie im Rezept Blumenkohl gekocht*. Dann in 2-3 cm dicke Scheiben schneiden, in der Eiermischung umdrehen. In einer Stielpfanne
2 EL ÖL, 1 EL Butter	erhitzen, den Blumenkohl mit Löffel einlegen, restliche Eimasse übergießen, Schnitzel mit Löffel in Form bringen. Beidseitig schön goldgelb backen. Salat als Beilage.

Bohnen grün

für 1 Person:

150-200 g Kenia - od. Prinzeßbohnen	putzen, d.h. bei dieser Sorte nur am Stiel abknipsen, in Salzwasser waschen. In einem feuerfesten Topf am besten mit Glasdeckel, damit man die Farbe beobachten kann,
Salzwasser	zum Kochen bringen, die Böhnchen während **10 –15 Min.** garen, auf ein Sieb geben und sofort eiskalt abbrausen, dann behalten sie die schöne grüne Farbe. Den Topf heiß ausschwenken.
1 EL Butter	hineingeben.
1 Schalotte oder 1 Frühlingszwiebel	darin anlaufen lassen, Bohnen zufügen, durchschwenken und mit frischgehacktem
Bohnenkraut Petersilie	und bestreuen. VARIATION: In die Bohnen gehackte Nüsse oder Pinienkerne geben.

Jede andere grüne Bohnensorte kann so bereitet werden, Stangenbohnen in Stücke brechen oder der Länge nach halbieren

Achtung:

Jede Bohnensorte muß gekocht werden!
Bohnen sind roh nicht eßbar!

Bohnen-Salat

für 1 Person:

150 g grüne Bohnen · vorbereiten und kochen wie Bohnen grüne*, nach dem Abbrausen und Abtropfen die Bohnen in eine Schüssel geben. Mit reichlich

Salatsauce Nr.1 oder 2* · vermischen. Nach Belieben
1/2 blaue Zwiebel
1 Knoblauchzehe · beides gehackt, zufügen. Mit
frischem Bohnenkraut · feingehackt, bestreuen.VARIATION: Mit 2 EL Maiskörnern u. Fenchelstreifen vermischen.

Bohnen-Salat

Bohnensalat wie oben bereiten.

100 g Pfifferlinge · geputzt kurz dünsten **4 Min.** unter den Salat mischen und statt Bohnenkraut

Basilikum · gehackt anstreuen.

für 2 Personen:

Bohnen-Suppe

'von Frau Kirchhof

250 g Bohnenkerne
  weiß,getrocknet · über Nacht in 3/4 l Wasser einweichen. Im Schnellkochtopf

2 EL Öl · erhitzen,
1 kl. Zwiebel · und
2 Zehen Knoblauch · beides gehackt, darin anlaufen lassen.
1 TL Rosenpaprika · und
1 TL Paprikamark · zufügen,
1 kl. Dose Tomaten · (geschält) mit Saft angießen, bei großer Hitze etwas einkochen lassen, die Bohnen zugeben und mit 1 Tasse Einweichwasser aufgießen.Deckel schließen, **10-15 Min.** auf Stufe 1 garen. Nach Belieben

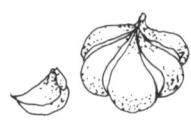

1 Kassler Rippchen · in Würfel geschnitten,am Schluß nur noch mit aufwärmen. Mit

wenig Salz,Pfeffer · und
Thymian · würzen.Ein herzhaftes Gericht!

Bohnen-Tomatentopf

für 1 Person:

200 g breite Bohnen	putzen,waschen und in 3 cm Stücke brechen.
2 EL Öl	in einem Topf erhitzen,
1 weiße Zwiebel	grob geschnitten darin anlaufen lassen,die Bohnen zufügen,zugedeckt dünsten.
2 Fleischtomaten	schälen, gewürfelt zu den Bohnen geben.Mit
Salz, Pfeffer	und nach Belieben mit
1 Knoblauchzehe	gepreßt, würzen.Langsam köcheln lassen. Garzeit **20–25 Min.** Zum Schluß dick mit
Bohnenkraut und Petersilie	beides feingehackt, bestreuen.

Bolognese-Sauce siehe Spaghetti Bolognese S.175

Bouillon   kalt für heiße Tage

für 1 Person:

1/4 l Fleischbrühe*	oder Suppe vom Rindfleisch gekocht* sieben, sehr kaltstellen, damit sich das Fett in einer Schicht absetzen kann,diese abnehmen. Die Suppe fein würzen und zum Schluß
1 EL Cognac oder 1 EL Sherry	hineingeben.Eiskalt servieren.

Bouillon mit Ei   heißes Süppchen für kalte Tage

1 Eidotter	in eine Suppentasse oder -teller gleiten lassen, mit
1/4 l Fleischbrühe *	kochend daraufgeben ohne den Dotter zu ver- letzen. Mit
Muskat	würzen und mit
Schnittlauchröllchen	bestreuen.

Bratkartoffeln   aus Pellkartoffeln

für 1 Person:

3 Pellkartoffeln	schälen, in ca 1/2 cm dicke Scheiben schneiden,
1 TL Öl, 1 EL Butter	in einer Stielpfanne erhitzen,
1/2 Zwiebel in Ringen	darin anlaufen lassen, Kartoffeln zugeben, mit
wenig Salz	und
Kümmel	bestreuen, rasch anbraten und erst wenden, wenn die Unterseite schön braun ist. Garzeit **6 Min.** Schnelle Beilage!

Bratkartoffeln   aus rohen Kartoffeln

3 Kartoffeln	am besten neue, nur bürsten, alte Kartoffeln dünn schälen, mit Gurkenhobel gleich in eine größere Pfanne in
2 EL Öl	hobeln, kurz zudecken, mit
wenig Salz	bestreuen. Wenn die Unterseite schön braun ist, die Kartoffeln wenden. Wenn sie auf der anderen Seite auch so gut gebräunt sind, zu Eiern, Fleisch oder Gemüse geben. Garzeit: **6–8 Min.**

Bratkartoffeln   mit Bröseln

für 1 Person:

4-5 kl. Pellkartoffeln	schälen, in einer Pfanne
1 EL Butter	und
1 EL Öl	erhitzen,
3 EL Semmelbröseln	darin leicht bräunen,
wenig Salz	einstreuen, die Kartöffelchen darin wenden und sehr heiß zu Tisch geben.

Pellkartoffeln   s.S.150

Brennessel-Gemüse

von Tante Mausi

für 1 Person:

ca 350 g Brennesseln	in warmem Salzwasser waschen. In
wenig Salzwasser	kurz blanchieren, durch Kräutermühle
	drehen oder fein hacken.
1 kl. Zwiebel	fein würfeln, in
1 TL Butter	anlaufen lassen,Brennesseln zufügen,
1/2 Tasse Brühe * S.50	zugießen, mit
Muskat, Pfeffer,	
Liebstöckel u. Petersilie	würzen und zuletzt
2 EL süße Sahne	einrühren. Fertig! Garzeit: **5 Min.**

Brennessel-Suppe

wird wie Brennesselgemüse hergestellt,jedoch mehr Brühe angegos-
sen. Wenn Sie beim Brennesselsuchen Gänseblümchen gefunden haben,
legen Sie die Köpfchen auf die Suppe, sie können mitgegessen werden. Die Suppe wird zu einem kleinen Gericht,wenn Sie ein verlo-
renes Ei * einlegen. Gut dazu:ein Landbrot mit Kräuterbutter *.

S.110

Bries vom Kalb

für 2 Personen:

1 Kalbsbries	waschen, in
Salzwasser	mit
1 Suppengrün *S.15	grobgeschnitten, zum Kochen aufsetzen.

10 Min. bei reduzierter Hitze köcheln
lassen.In der Zwischenzeit Beilagen
vorbereiten. Das Bries mit kaltem Wasser abschrecken, häuten und in ca 2cm
dicke Scheiben schneiden.Beilagen:
Senf-* Curry-* oder Champignon - Sauce*,
Gemüse oder Kartoffeln.

Brombeer-Dessert

für 1 Person:

150 g reife Brombeeren	davon 3 zur Garnierung zurücklassen, die übrigen leicht, je nach Süße der Früchte mit
Zucker	bestreuen.In einem Töpfchen nur ganz leicht anwärmen und Saft ziehen lassen. In einem Glasbecher abwechselnd Beeren und
1 EL Makronen	zerbröckelt, einfüllen und durchziehen lassen.
1/2 Tasse süße Sahne	schlagen, als Häubchen oben aufsetzen.
1 EL Kroatzbeerlikör	daraufgießen.Mit den Beeren garnieren.

Brühe

zum Kochen von Suppen,zum Auf- und Angießen von Saucen kann nach Belieben in Form von Fleischbrühe* - Knochenbrühe *- Brühe vom Rindfleisch gekocht* oder aber auch aus Gemüsebrühwürfeln herge-stellt werden.

Brunnenkresse-Salat

für 1 Person:

100 g Brunnenkresse	gründlich waschen, große Stiele entfer- nen,abgetropft in eine Holzschale legen.
50 g frische Sojakeime	erst blanchieren,abgetropft unter die Brunnenkresse mischen.
Salatsauce Nr.1*S.170	darübergießen und locker unterheben.
50 g Tofu	in Würfel schneiden,darüber verteilen.
Petersilie	feinstgehackt anstreuen.

Rezepte aus der Canal Street in New York

50

Camembert

angemacht

für 1-2 Personen:

1 Camembert	in eine warme Schüssel geben, (vorher einfach mit heißem Wasser ausspülen) mit einer Gabel den Käse grob zerdrücken.
50 g Butter, 2 EL Rahm	mit untermischen.
1 kl. Zwiebel gehackt	
1 TL Rosenpaprika	
1 TL Kapern	zufügen. Auf einem Teller auftürmen, mit Paprika bestreuen und mit einer in Scheibchen geschnittenen
Gewürzgurke	garnieren. Sehr gut: dick auf Bauernbrot.

Camembert

gebacken

für 1 Person:

1 runden Camembert	nach Belieben ringsum mit
Paprika	bestreuen, eine Tasche waag- recht einschneiden, halbierte
Walnußkerne	einfüllen.
1 Ei und 1 EL Rahm	vermischen, den Käse darin wenden, in
4 EL Semmelbröseln	wälzen, diese andrücken.
1 TL Butter u. 1 TL Öl	in einem Pfännchen erhitzen, den Käse von beiden Seiten goldgelb backen. Preiselbeeren und Salat passen dazu.

Camembert-Spezialbrot

1 Scheibe gebuttertes Sonnenblumen- oder Vollkornbrot mit Apfel- scheiben (Apfel vorher gründlich waschen) belegen. Camembert in Scheiben aufteilen, auf die Äpfel legen, mit milden Zwiebelrin- gen von einer weißen Zwiebel bedecken und mit Paprika bestreuen.

Caviar

russischer vom Stör, deutscher vom Seehasenrogen, Keta Caviar
oder anderen stets eisgekühlt servieren,entweder mit Toastbrot
oder für Kenner mit nicht zu frischem Schwarzbrot, feingehack-
ten Schalotten und Zitronenscheibchen.Oder mal ganz anders: auf
einer Pellkartoffel mit saurer Sahne! Dazu eisgekühlten Wodka!

 # Champignons

sind als Zuchtpilze das ganze Jahr über zu kaufen und vielseitig
zu verwenden. Pilze nicht waschen,sonst nehmen sie zu viel Wasser
auf.Nur die Stiele kürzen und die Champignons mit feuchtem Küchencrepp abreiben.Nach dem Aufschneiden sofort verwenden.Ein Beträu-
feln mit Zitrone verhindert zwar das Dunkelwerden der Schnitt-
stellen, beeinträchtigt aber das feine Aroma.

Champignons in Sahne

für 1 Person als Beilage 150 g, als Hauptgericht 250 g

250 g Champignons	vorbereiten wie oben,blättrig aufschnei-den, in einer flachen Kasserolle
1 EL Butter	zerlaufen lassen,die Pilze einfüllen, umrühren,zugedeckt **5 Min.** dünsten.
3 EL Crème fraîche	und
1 EL Petersilie	feingehackt zufügen. Jetzt erst mit
wenig Salz u.Pfeffer	aus der Mühle würzen. Nach Belieben
1 Eidotter	mit
1/2 TL Zitronensaft	verrühren und zufügen, nicht mehr kochen lassen. Reis* ungesüßter Semmelschmarrn* oder Couscous* schmeckt gut dazu.Champig-nons passen zu jedem gebratenen Fleisch, ebenso wie in oder zu Omelettes* und Pfannkuchen*. S.151

Champignons geröstet

werden wie Pfifferlinge
geröstet* S. 152 hergestellt.

Champignons mit Artischocken in Öl

sind eine hervorragende, hausgemachte Beilage,die sich eine Woche
im Kühlschrank hält und außerdem für ein Gästeessen geeignet ist.

In einen feuerfesten Topf geben:

1/2 Tasse Wasser	1 Tl Salz
Saft von 1 Zitrone	6 Pfefferkörner schwarz
2/3 Tasse Öl	2 Knoblauchzehen halbiert
2 Lorbeerblätter	1 Zweiglein Rosmarin

alles zusammen 15 Min. zugedeckt leise köcheln lassen.Inzwischen

500 g Champignons   mit feuchtem Küchencrepp säubern und
die Stiele kürzen.
Die Pilze in
den etwas abgekühl-
ten Sud legen und
5–8 Min: je nach der
Größe der Pilze,leise
kochen lassen. In den
letzen Minuten werden

Artischockenherzen
naturell, Dose mit
400 g Einwaage

abgetropft zugefügt und mit den Champignons aufgekocht.In ein Schraubglas einfüllen. Diese Beilage kann sofort verwendet werden oder auch zum Picknick
mitgenommen werden zu Gegrilltem.

Champignon-Salat

für 1 Person :

100 g frische Champignons vorbereiten wie oben, in eine Schüssel
hobeln oder fein schneiden, mit

Salatsauce Nr. 1 * oder
Salatsauce Nr. 3 * S.171   anmachen,
1 TL Basilikum   feingehackt darüberstreuen.VARIATION:
mit Frisée - oder Eichblattsalat mi-
schen. Mit hartgekochten Eiern oder
kaltem Fleisch ein feiner Imbiss.

Champignon-Sauce

100 g Champignons	herstellen wie Champignons in Sahne* S.52,jedoch zusätzlich mit
1 Tasse Sahne,	die man gut einkochen läßt.

Chicorée-Salat

für 2 Personen:

2 Stauden Chicorée	halbieren, waschen,Strunk herausschneiden,
1 Apfel	waschen, stifteln,mit
1 Banane	in Scheibchen geschnitten,auf den Chicorée geben und mit Cocktail-Sauce* begießen.

Cocktail-Sauce

1 Tasse Sahne oder Joghurt, 1 El Majonnaise, 1 Tl franz. Senf,
2 El Tomatenketchup, 2 El Sherry oder Orangenalkohol* S.143
gut vermischen.

Couscous auch Couscouss

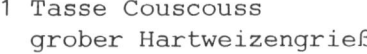

Mimis Blitzbeilage

für 1 Person:

1 Tasse Couscouss grober Hartweizengrieß	in eine feuerfeste, flache,vorgewärmte Form geben,
1 Tasse Gemüse- oder Fleischbrühe	sehr gut gewürzt (eventuell mit Pfeffer und Knoblauch) k o c h e n d über den Couscouss gießen. Schnell mit einer Gabel auflockern.**3 - 5 Min.** ziehen lassen.
1 TL Butter	daraufgeben - schon fertig. Dazu paßt Gemüse aller Art,Couscouss ist aber auch eine ausgezeichnete Fleischbeilage.

Curry-Reis

für 1 Person:

60 g Langkornreis parboiled	waschen und abtropfen lassen.
1 EL Öl, 1 TL Butter	in einem feuerfesten Topf,in dem der Reis dann gleich bleiben kann,erhitzen.
1 Schalotte	kleingehackt darin anlaufen lassen.
1 TL Curry	und
1/4 TL weißen Pfeffer	darüberstreuen, den Reis einfüllen, umrühren, bis er mit der Mischung von allen Seiten umhüllt ist.
1 Tasse Brühe* S.50	kräftig abschmecken und zufügen. Den Reis **12 – 15 Min.** langsam zugedeckt dünsten. Er muß körnig sein, ggf.ohne Deckel noch abdampfen lassen.Nach Belieben zum Schluß
1 Apfel	geraffelt und
1 eingelegte Peperoni	kleingeschnitten,untermischen.

Curry-Sauce

für 2 Personen:

2 Eigelb	mit
1 TL Zitronensaft	
1/2 TL Curry	
wenig Salz	
weißen Pfeffer	
2 EL Weißwein	und
	im Wasserbad schlagen, bis die Masse dicklich wird, dabei darf sie aber nur lauwarm werden.
80 g Butter	zerlassen, warm in kleinen Portionen unterschlagen. Zu Fisch oder Reisgerichten sofort zu Tisch geben.

Dampfkartoffeln zu Fischgerichten

für 2 Personen:

5-6 mittlere Kartoffeln
    mehlige Sorte ——— dünn schälen, waschen, vierteln oder würfeln, in einem Kartoffeldämpfer oder in einem Topf mit Siebeinsatz im Wasserdampf **20 Min.** kochen, im Schnellkochtopf beträgt die Garzeit nur **5 MIN.**

Deutsches Beefsteak

schmeckt auch kalt gut, eignet sich zum Mitnehmen, für die Party und für's Picknick. Es rentiert sich also nicht nur 1 Stück zu braten.

Für ca 3-4 Steaks

1 altes Brötchen	in lauwarmem Wasser einweichen.
200 g Hackfleisch	kann gemischtes sein, in eine Schüssel geben.
1 kl. Zwiebel	feinwürfelig geschnitten,
Salz, Pfeffer	aus der Mühle, die geriebene Schale von
1 Zitrone, Petersilie	und
1 TL Majoran	wenn möglich frischen, gehackt oder den getrockneten ein wenig aufgewärmt,
1 Ei	und das ausgedrückte Brötchen mit dem Hackfleisch fest vermischen. Erst Kugeln von ca. 70 g formen, dann flach drücken.
2 EL Butter u. 2 EL Öl	in einer Stielpfanne erhitzen, die Steaks einlegen, gut anbraten, Hitze reduzieren und von jeder Seite langsam **5 – 6 Min.** braten. Beilagen: Gemüse oder Salate. Oder mal anders: Zubereitung wie oben, jedoch Bratenfond mit
Tee oder Brühe * S.50	lösen, die Sauce mit
Sahne und Tomatenmark	verfeinern, dann Nudeln oder Reis dazu.

Das Ei

ist ein hochwertiges Nahrungsmittel.Mit
352 Joule bzw. 84 Kalorien bringt ein 57 g
schweres Ei 6 g Fett, 7 g Eiweiß, die Vitamine
A - B'- B^2 und Vitamin D mit,außerdem Lezithin und
wertvolle Mineralstoffe.Für die schnelle Küche ist das
Ei unentbehrlich.Sogar Vegetarier bauen das Ei zuweilen in
ihren Speisezettel ein.Beim Einkauf sollten Sie kritisch sein
und darauf achten,daß die Eier von natürlich gehaltenen Hühnern
kommen und der "freie Auslauf" nicht nur auf den Stall beschränkt
ist.Solange der Verbraucher gedankenlos die Eier von Batteriehühnern
kauft, wird es auch weiterhin solche geben. Wie frisch ein Hühnerei ist,
läßt sich leicht feststellen. In kaltes Wasser gelegt, bleibt ein lege-
frisches Ei flach auf dem Boden liegen.Nach einer Woche hat sich die Luft-
blase vergrößert und der dickere Teil des Eies hebt sich leicht nach oben.
Dieses Ei kann noch zum Kochen verwendet werden, hat aber als Frühstückei
ausgedient.Ein Ei,das einige Wochen hinter sich hat,steht fast senkrecht im
Wasser und sollte nicht mehr verwendet werden. Wenn das Ei sogar schwimmt,
schlagen Sie es am besten gar nicht mehr auf.

 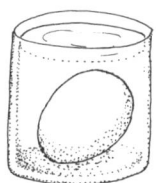 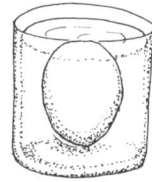

Der Kühlschrank ist trotz seiner sonstigen Vorzüge für die Aufbewahrung
der Eier nicht der optimalste Platz.Ein kühler Luftschrank wäre hier
von Vorteil. Zu kalte Eier platzen beim Kochen sehr leicht, was in
der schnellen Küche oft zu Pannen führt.- Wenn Eigelb übrig bleibt
m u ß dieses in den Kühlschrank und zwar in einem Schraubglas,
damit es nicht austrocknet. Übriggebliebenes Eiklar geben
Sie ebenfalls in ein Schraubglas und beschriften es mit
der Anzahl. Es hält sich über Wochen im Kühlschrank
und ist zur Bereitung von Eischnee wesentlich besser als zu frisches Eiweiß. Siehe auch im
Rezeptteil Eischnee* S.59.

E

Eier gefüllt

für 1 Person:

2 Eier — 10 Minuten kochen, in kaltes Wasser legen, schälen, halbieren und den Dotter mit Löffel herausnehmen. Diesen mit

wenig Salz, Pfeffer — aus der Mühle,
1 EL Senf, 1 EL Öl — glattrühren und mit
1 TL Petersilie — gehackt und
1 TL Kapern — vermischen. Masse in die Eierhälften füllen und auf Salatblätter legen. Für liebe Gäste kann man ein Stückchen eingerollten Lachs und einen Tupfen Caviar daraufgeben.

Eier gekocht

Wasser zum Kochen aufsetzen, kalte Eier erst warm abduschen. Mit einem Löffel die Eier in das k o c h e n d e Wasser einlegen, das die Eier bedecken muß. Nicht zudecken! Eier mit Sprung in Folie einwickeln. Bei einem Eigengewicht von 60 - 70 g beträgt die Kochdauer ab dem Zeitpunkt des Einlegens für

weich	3 1/2 -	4 Minuten
wachsweich	6 1/2 -	8 Minuten
hart	10	Minuten

nach dem Kochen kurz mit kaltem Wasser abbrausen, damit die Eier nicht nachgaren.

Eierkuchen

siehe Pfannkuchen* Omelette* Tortillas*

Eiklar

das übrig ist, im Kühlschrank aufheben, verwenden für Baiserhaube auf Obstkuchen, zum Überbacken von Gemüse, zur Bereitung von Spätzleteig statt ganzen Eiern, oder Eiweiß wie Spiegelei braten in Streifen geschnitten unter Salat oder in Hackfleischteig mischen. Omletts und Pfannkuchen mit Eischnee werden noch lockerer, wenn Sie jeweils 1 Eiweiß mehr nehmen als Dotter.

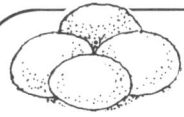

Eischnee

gelingt immer, wenn Sie folgende Punkte beachten:

* Das Ei sauber trennen, im Eiklar darf keine Spur von Eigelb vorhanden sein.

* Das Eiklar darf, wie bereits erwähnt, nicht zu frisch sein.

* Das sehr kalte Eiweiß in einer fettfreien Schüssel schlagen.

* Dem Eiklar, wie im jeweiligen Rezept angegeben, Salz oder Zitronensaft zufügen, dies stabilisiert den Schnee.

* und zum Schluß nicht vergessen: r o h e s Eiweiß nicht essen!

Eiscreme

Eiscreme kann in bester Qualität ohne Farbe und Chemie selbst ganz schnell hergestellt werden. Am günstigsten ist folgendes Quantum. Einen eventuellen Rest kann man einfrieren.

für 3 Personen:

200 g süße Sahne   nicht zu steif schlagen, hochgezogene Spitzen brauchen nicht aufrecht stehen bleiben,

300- 400 g Tiefkühl-Himbeeren oder Heidelbeeren oder Erdbeeren

u n a u f g e t a u t in die Sahne geben, nach Belieben süßen, mit Mixstab auf höchster Stufe **2-3 Minuten** vermischen. Fertig ! Sofort auftragen.

Erdbeeren

sind vor allem in Verbindung mit Milchprodukten
besonders fein. Ein paar Tropfen Zitronensaft
lassen das Aroma der Beeren noch besser zur
Geltung kommen.

Erdbeer-Dessert

Unser Hausrezept

für 2 Personen:

200 g Gartenerdbeeren	nur kurz unter warmem Wasser waschen, gut abtropfen lassen. Von den Kelchen befreit in einen Mixbecher geben.Mit
1 El Zitronensaft Zucker nach Belieben	und vermusen.
1 Tasse süße Sahne	nicht zu steif schlagen, mit dem Erdbeermus vermischen und in das Kühlfach stellen.
50 g Walderdbeeren	unter die leicht angefrorene Erdbeersahne mischen und mit
rosa Pfefferperlen	bestreuen. Sehr fein!

Erdbeer-Orangensalat

für 1 Person:

125 g Gartenerdbeeren	säubern wie oben, gut abgetropft in einer kleinen Schüssel nach Belieben
Honig oder Zucker	untermischen.
1 Orange	schälen, weiße Haut gründlich entfernen, Scheibchen aufschneiden, diese vierteln, unter die Erdbeeren geben.Gut durchziehen lassen und dann mit
Pistazien	bestreuen. **Oder**
1 EL Mandelstifte	in
1 TL Butter	und
1 TL Zucker	geröstet,darüber verteilen. Nach Belieben Schlagsahne dazugeben oder unterheben.

Feldsalat

auch Vogerlsalat, Nissel und Rapunzel genannt, sollten Sie nur nehmen, wenn er geputzt erhältlich ist. Ein sehr vitaminreicher und schmackhafter Salat.

Feldsalat mit Sojasprossen

für 1-2 Personen:

100 g Feldsalat — in lauwarmem Salzwasser gründlich waschen, in einem Sieb gut ausschütteln,

50 g frische Sojasprossen — blanchieren oder glasig rösten und mit dem Feldsalat in eine Schüssel geben.

Salatsauce Nr.1* S. 170 — darübergießen,
50 g Champignons — putzen, mit feuchtem Küchencrepp abreiben, in Scheibchen geschnitten, erst am Schluß unter den Salat geben.

Feldsalat spezial

für 1-2 Personen:

100 g Feldsalat — waschen wie oben,
5 Radieschen — waschen, blättrig schneiden,
5 Walnüsse, frische — knacken, Kerne grob hacken,
1 EL Butter — in einem Pfännchen erhitzen,
1 Knoblauchzehe — zerdrückt hineingeben,
* 1 Scheibe Weißbrot
  vom Vortag — kleinwürfelig geschnitten, zufügen, knusprig rösten. Den Salat mit

Salatsauce Nr. 1* S.170 — anmachen und erst zum Schluß
5 rohe Champignons — geputzt, in Scheibchen geschnitten zufügen und die Brotwürfelchen anstreuen.

Fenchelsalat

für 1 Person:

1 kleine Fenchelknolle — von den äußeren Blättern und harten Hohlstielen befreien. Das Grün beiseite legen, alles waschen, die Knolle hobeln oder fein schneiden, das Grün hacken. Beides in eine kleine Schüssel geben.

1 TL Zitronensaft
1/2 TL Flüssigwürze
3 EL süße Sahne
1 TL Öl

und
vermischen, über den Fenchel geben und gut durchziehen lassen. Dieser Salat macht keine Arbeit und schmeckt!

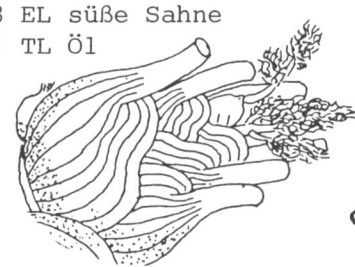

Filetgoulasch

Rezept von Frau Kirchhof

für 1 Person:

100 - 150 g Rindsfilet — kann auch vom flachen Ende des Filets sein,- in 2 cm Würfel schneiden,

gleiches Gewicht Zwiebel — fein würfeln. In einer schweren Pfanne oder flachem Tiegel

1 EL Öl und 1 TL Butter — erhitzen, das Fleisch m i t den Zwiebeln zusammen hineingeben,mit

Rosenpaprika
wenig Salz und Pfeffer — aus der Mühle bestäuben, rasch bei guter Hitze unter Wenden anbraten ohne stark zu bräunen.

2 EL Tomatencetchup
1 TL Paprikamark
1 TL Tomatenmark — zufügen. Nach Bedarf
wenig heiße Brühe oder
heißen Schwarztee
1/2 Tasse süßer Sahne — angießen und mit abrunden. Fertig!Garzeit **6 Minuten.** Reis und Gurkensalat schmecken fein dazu.

Filetsteak Hausrezept

für 1 Person:

1 Filetsteak ca 200 g	am besten aus der Mitte eines gut abgehangenen Ochsenfilets, mit
Öl	bestreichen, wenn möglich mit
Basilikumblättern	belegen, zugedeckt in den Kühlschrank stellen. Inzwischen Beilagen vorbereiten. In einer Stielpfanne
1 TL Butter und 1 TL Öl	erhitzen, das Steak einlegen, gut anbraten, nach **3 Min.** wenden und erst jetzt mit
Salz und Pfeffer	aus der Mühle würzen, andere Seite ebenfalls **3 Min.** braten und anschließend würzen. Das Steak auf einen warmen Teller geben, zudecken, den Bratenfond mit
2 EL Brühe oder Tee	lösen,
2 EL Crème fraîche	einrühren,
1 TL rosa Pfefferperlen	zufügen und die Sahnesauce mit
1 TL Cognac oder	
1 TL Orangenalkohol* S.143	abschmecken. Auf das Steak noch ein paar Pfefferperlen streuen. Mit Sauce, Reis * Wildreis * und Salat auftischen.

Filetsteak natur

für 1 Person:

1 Filetsteak ca 200 g	gleiches Stück wie oben, mit
Öl	bestreichen und kühlstellen. Inzwischen Beilagen vorbereiten. In einer Pfanne
1 TL Öl und 1 TL Butter	erhitzen, das Steak einlegen, bei guter Hitze **3 Min.** braten, nach dem Wenden mit
Salz und Steakpfeffer	würzen, andere Seite braten, bis das Fleisch auf Druck nachgibt, dann auch diese Seite würzen und mit
Kräuterbutter * S.110	belegen, die keineswegs zu kalt sein darf, damit sie schön auf dem heißen Fleisch zerlaufen kann.Beilage: Gemüse event. mit Sauce Bearnaise * S.42

F

Filet Stroganoff

für 2 Personen:

300–400 g flaches Filet	Endstück vom Rindsfilet, in kleine Würfel oder Streifchen schneiden, in ringsum kurz ca **2 Min.** anbraten, dann aus der Mühle darüber streuen, das Fleisch aus der Pfanne nehmen und warmstellen. Im verbliebenem Fett gehackt darin anlaufen lassen,
3 EL Butter	
wenig Salz und Pfeffer	
1 kleine Zwiebel	
2 EL Tomatencetchup	
1 TL Paprikamark	
1 TL Zitronensaft	und
1 kl. Tasse süße Sahne	zufügen, umrühren und aufkochen lassen, den Inhalt von
1 kl. Dose Champignons kleine, ganze Köpfe	ohne Brühe,
50 g Rinderpökelzunge	in feine Streifchen geschnitten und das warmgehaltene Fleisch zufügen. Nach Belieben kann man mit
2 EL Rotwein	abschmecken. Reis passt gut dazu.

Filetsuppe

für 2 Personen:

20 g chin. Glasnudeln	kalt einweichen.
1/2 l Fleischbrühe* S.67	gut abschmecken, mit
Sambal Oelek	würzen.
2 Frühlingszwiebeln oder 2 dünne Lauchstangen	in feine Ringe schneiden, waschen. nur kurz in der Suppe mit den Glasnudeln garen,
100 g dünnes Rinderfilet	in schmale Streifchen schneiden, diese halbieren, auf 2 Tassen verteilen. Die k o c h e n d e Suppe darüber - gießen. Fertig! Garzeit **3–4 Min.**

Rezept von Frau Roskothen

Fische

und Frische sind unzertrennliche
Begriffe.Die Frische bei ganzen Fischen
erkennt man an den blanken Augen,roten Kiemen
und festem Fleisch. Wenn Sie die Möglichkeit haben,
Fisch frisch zu bekommen,sollten Sie diese Gelegenheit
nützen.Die vielen Rezeptvarianten von Fischgerichten bereichern
auch den Speiseplan der schnellen Miniküche. Nach dem Einkauf
sollte das Papier sofort entfernt werden.Seefische dick mit Salz
einreiben und dann abwaschen. Süßwasserfische vorsichtig unter
kaltem Wassser, vor allem innen gründlich waschen. Die so vor-
bereiteten Fische werden je nach Rezept mariniert,d.h.
entweder mit Essig oder Zitronensaft beträufelt,
was ein Festwerden des Fleisches bewirkt.
Seefische bedürfen einer größeren
Salzzugabe.

Fischfilet

für 2 Personen:

2 Fischfilets â ca 200 g	waschen, mit
Zitronensaft	beträufelt, durchziehen lassen.
4 EL Weißweinessig	
1 Tasse Wasser oder Wein	
1 Lorbeerblatt, 1 TL Salz	aufkochen lassen etwa **10 MIN.**
	Den Fisch mit
Meersalz	würzen, am besten in eine feuerfeste
	Form mit Deckel legen.
1 Zwiebel	in Ringen
1/2 gelbe Rübe	grob geraffelt,
1 Stück Sellerie	ebenso auf den Fisch geben, den etwas

abgekühlten Essigsud darübergießen,
zugedeckt auf dem Herd oder aber im
Backrohr bei 200° in **15-20 Min.** garen.
Dazu passt eine feine Aioli* Ajoceite*
Grüne Sauce*oder Walnußbutter*.
Während der Fisch gart,können Dampf-
kartoffeln aufgesetzt werden. S.56
Andere Fischfilet- Rezepte finden Sie
im Sachregister.

Fischgewürz

Wenn man öfter Fisch kocht, kann man sich das Zusammenstellen der vielen Gewürze erleichtern, wenn man getrocknete Gewürze vermischt und möglichst in einem dunklem Schraubglas aufbewahrt. Bei Bedarf wird für Blausud 1 guter Eßlöffel dieser Mischung entnommen.

10 Lorbeerblätter zerbrochen	3 TL weiße Pfefferkörner
30 Wacholderbeeren	1 TL Rosmarinnadeln
10 Nelken	1 EL getrockneten Dill
1 EL Senfkörner	1 EL getrockneten Estragon

Alles vermischen, nicht schütteln, sonst sind alle leichten Gewürze oben!

Fisch-Suppe

für 2 Personen:

1 Scheibe Heilbutt oder Rotbarschfilet	
1 Scheibe Lachs oder Schellfischfilet	
1 Stück Aal ohne Haut	waschen, siehe Fische*, abtupfen, mit
Zitronensaft	beträufeln und durchziehen lassen.
1 reife Fleischtomate	schälen und grob würfeln,
1 Zwiebel	und
1/2 Fenchelknolle	in Streifen schneiden, in
2 EL Öl	diese Zutaten offen einkochen lassen. Den Fisch in mundgerechte Stücke teilen und hineinlegen,
1/2 l Gemüsebrühe	angießen, mit
Salz, Safran, Pfeffer,	
1 EL Tomatenmark	und
1/2 TL Fenchelsamen	würzen. Zugedeckt die Suppe **10–15 Min.** leise köcheln lassen.
50 g Muscheln in Öl	aus dem Glas — ohne Öl zufügen.
1 EL frische oder gefriergetrocknete Krabben	kurz kalt abbrausen, abgetropft zugeben. Suppe mit warmem Knoblauchbrot reichen.

Fleisch

als Eiweißspender in den Küchenzettel eingebaut, bietet außer dem Wohlgeschmack einen hohen Sättigungswert. Frischkost und Gemüsebeilagen sollten den Haupteil der Ernährung darstellen. Wenn Fleisch, dann auf Qualität achten! Bedenken Sie, daß ein vertrauenswürdiger Metzger in der heutigen Zeit einfach Gold wert ist! Lassen Sie sich beraten.

Fleischbrühe

1 gelbe Zwiebel	halbieren, mit der Schale in
1 EL Öl	ringsum anbräunen,
1 kg Suppenknochen	und
1 Markknochen	sehr gut kalt waschen.
1/2 kg Ochsenfleisch	mit einem Bund **Suppengrün*** S.15
Brustspitze, Schulter	
Brustkern, Wade etc.	waschen, einlegen und mit
1 1/2 l **kaltem** Wasser	aufgießen, so wird die Suppe besonders kräftig. Legen sie aber Wert auf gutes Fleisch, dann nach Rezept Rindfleisch gekocht * verfahren. Garzeit kann überzogen werden. Mindestens **1 1/2 Std.** im Schnellkochtopf **30 Min.**

Fleischklößchen in Tomatensauce

für 2 Personen:

Hackfleischteig	bereiten, s. Deutsches Beafsteak * S. 56 oder auch von übrigem Tatar verwenden. Davon walnußgroße Klößchen formen.
Tomatensugo * S.193	herstellen, mit
1/2 Tasse Brühe	verdünnen, die Klößchen darin **12 Min.** bei schwacher Hitze ziehen lassen.

Fleischpflanzerl (bayerisch) s. Deutsches Beefsteak

Fondue Chinoise

ist ein ideales Essen, wenn Besuch kommt. Lediglich ein paar gute Saucen sind herzustellen, die aber vorbereitet werden können und so steht einem geselligen Abend nichts mehr im Wege.

für 2 Personen:

400 g fettfreies,
leicht angefrorenes
Rindfleisch

Fleischbrühe*

Schnittlauchröllchen

gleich vom Metzger in dünne Scheibchen schneiden lassen, auf einer Platte flach ausbreiten oder in Röllchen darauflegen.Bis zum Gebrauch zugedeckt kühlstellen.Inzwischen Saucen bereiten. Meerrettich-Sahne * Senfsauce * Kräuter - Joghurt-Sauce* Tatar- Sauce* oder auch nach Belieben eine warme Sauce wie Bearnaise* oder Curry-Sauce*. Auf den Tisch werden noch Silberzwiebelchen, Gewürzgurken und Sojasauce gestellt. In einem Fondue-Topf oder feuerfesten Topf wird auf einem Rechaud kochende, bereits abgeschmeckte am Siedepunkt gehalten. Die Fleischscheibchen werden auf einer langen Fonduegabel aufgerollt und zum Garen in die Brühe gehalten. Mit Dippsaucen und einem guten Brot ein Genuß! Die nun am Schluß besonders kräftige Brühe wird in Tassen gefüllt und mit bestreut, angeboten. VARIATION: statt Fleisch kann das Fondue mit Fisch, Krabben und Gemüse bereitet werden.

Foto:

Forelle mit Kräutern *

Forelle blau

für 1 Person:

1 fangfrische Forelle vorsichtig ausnehmen, damit der Schleim der Außenhaut nicht verletzt wird. Den Fisch ebenso vorsichtig waschen. Mit

Weißweinessig übergießen, dieser bewirkt die Blaufärbung. Innen mit

Salz und Zitronensaft einreiben.
Blausud* S.43 bereiten, wenn der Sud etwas abgekühlt ist, die Forelle einlegen, sie sollte nur leise ziehen. Wenn die Augen wie weiße Kügelchen hervortreten und sich die Flossen leicht herausziehen lassen, ist der Fisch fertig. Als Beilage: zerlassene Butter oder Meerrettichsahne und Dampfkartoffeln. Einen Zitronenschnitz beilegen. Ein leichtes Essen besonders für Senioren. Garzeit je nach Größe des Fisches **15 –20 Min.**

Forelle gebraten oder Forelle gegrillt

siehe Renke gebraten* Renke gegrillt*

Forellenfilet geräuchert

Für 1 Person:

1 geräucherte Forelle am besten vor Gebrauch in Alufolie wickeln und in der Stielpfanne oder im Backrohr leicht anwärmen. Dazu schmeckt getoastetes Schwarzbrot und Apfelmeerrettich oder Apfelmeerrettichsahne * S.29 gut.

Als Vorspeise pro Person 1/2 geräucherte Forelle anbieten.

Forelle in der Folie

für 1 Person:

1 frische Forelle	ausnehmen und vor allem innen sehr gründlich waschen. Innen und außen den Fisch mit
Salz,weißem Pfeffer Fischgewürz	und einreiben.
1 EL Petersilie	kleingehackt und
3 EL Butter	in den Bauch der Forelle füllen, ein genügend großes Stück Alufolie ausbreiten, den Fisch darauflegen, dicht verschliessen. Bei 180° auf dem Grillgitter im Backherd **25 Min.** dünsten.

Forelle mit Kräutern

für 1 Person:

1 frische Forelle	ausgenommen, vor allem innen sehr gründlich waschen, außen und innen mit
Zitronensaft	beträufeln, mit
Salz	einreiben und leicht mehlieren.In den Bauch die gehackten Kräuter füllen:
Dill,Petersilie und Estragon.	
Öl und Butter	In einer Stielpfanne ca 1 cm hoch gemischt erhitzen, den Fisch hineinlegen, gleich bewegen,damit er sich nicht anlegt. Von jeder Seite **6 Min.**braten. Mit reichlich
frischen Kräutern	wie oben, bestreuen.Gesamtgarzeit **12 MIN.** Beilagenvorschlag: Zucchinisalat,der den feinen Fischgeschmack nicht stört.

Frikadellen

aus gekochtem oder gebratenem Fleisch werden wie Deutsches Beefsteak * hergestellt. Damit die Frikadellen nicht trocken werden, kann man in den Fleischteig eine gelbe Rübe hineinreiben.

Frischkäse angemacht

Quark oder Doppelrahmfrischkäse wird wie im Rezept Camembert angemacht * beschrieben, hergestellt.

Frucht-Sago

von Root ♡

für 2 Personen:

1/2 l Fruchtsaft
    Orange
    Johannisbeer-oder
    Himbeersaft

sehr fein, es kann aber auch

sein - in einen kleinen Topf geben,

75 g echten Sago, Tapioka

zufügen, bei kleiner Hitze **10 Min.**glasig anlaufen lassen. Nach Belieben süßen. Ewas abgekühlt in eine Glasschale füllen und erkalten lassen.Mit Frucht-Stückchen,Orangenscheibchen und hübsch garnieren.Mit Vanillesauce, Crème fraîche, Sahne oder mit einer Buttermilch-Sahnemischung auftragen.

Pistazien

Fruchtsalat

ist ein ideales Dessert, das auch von Gästen sehr geschätzt wird, für den Gastgeber aber meist eine zeitraubende Schnippelei darstellt. Mischen Sie deshalb fertige Kompottfrüchte wie Birnen, Pfirsiche, Mangos oder Guaven mit 1 Banane, 1 Kiwi und geben Sie ganz zum Schluß noch tiefgekühlte Himbeeren oder Johannisbeeren hinein, die den Fruchtsalat herrlich kühlen
und eine angenehme Frische verleihen.

Gartenkresse (Lepidium sativum)

ist fast das ganze Jahr über erhältlich und kann auch selbst gezogen werden. Sie gibt jedem Salat eine bestimmte Würze.Sogar
ein einfaches Butterbrot mit Radieschen gewinnt mit Kresse darauf.

Gartenkresse-Salat

für 1 Person:

50 g Gartenkresse	oberhalb der Samen mit der Schere ab-schneiden, in kaltes Wasser tauchen und fest ausschütteln, mit
Salatsoße Nr. 1 S.170	locker anmachen. Nach Belieben
Radieschen	gewaschen und in Scheibchen gehobelt und
1 hartgekochtes Ei	feingehackt untermischen.

Gazpacho

für 2 Personen:

4 EL Semmelbrösel	mit
1/2 Tasse Öl	übergießen.
1 grüne Paprikaschote	von Sammen und Trennwänden befreien.
1 weiße Zwiebel	geschält
2 Knoblauchzehen	
1 kl.Salatgurke	
250 g Tomaten	ebenso geschält, portionsweise im Mixer oder mit Mixstab pürieren.
3 EL Rotweinessig	
1/4 l Wasser	angießen,
1/2 TL Salz	und die eingeweichten Brösel zufügen, zugedeckt in den Kühlschrank stellen.
1/2 Paprikaschote	
1/2 Zwiebel	
1 Stück Gurke	
1 Scheibe Weißbrot	in kleine Würfel schneiden, in separate Schüsselchen füllen und dann auf die eiskalte Suppe streuen.

G

Geflügel-Salat

für 2 Personen:

1 Tasse Hühnerfleisch	ohne Haut in Würfel schneiden, in eine Schüssel geben.
2 Tassen Reis	schön körnig gekocht oder gedünstet,
1 Tasse Spargelstückchen	gekocht
1/2 Tasse Erbschen	frisch ausgepalt
1/2 Tasse Champignons	frisch in Scheibchen geschnitten
1 Kompottbirne	in Würfel
1/2 Ananasscheibe	in Stückchen und
1 EL Mandelstifte	leicht geröstet, dem Fleisch beifügen. Zum Anmachen:
2 EL Delikatessmayonnaise	
1/2 Tasse süße Sahne	geschlagen
1 TL Zitronensaft	
1/2 TL Curry	und
ganz wenig Hühnerbrühe	vermischen und locker unter obige Zutaten geben. Keine Angst vor den Zutaten. Eventuelle Restchen geben morgen einen guten Obstsalat!!!!!

Gemüse

ist neben Salaten die ideale Beilage zu Fleisch, Fisch und Kartoffelgerichten. Die Zeit der Gemüse mit hellen Mehlschwitzen und Einbrennen ist längst vorüber und die langen Garzeiten vergessen. Gemüse für den Kleinhaushalt sind im Nu frisch bereitet, nicht totgekocht und herzhaft knackig. Kleingeschnittenes oder noch leichter, geraffeltes Gemüse reduziert die Garzeit auf ein Minimum und der Eigengeschmack bleibt dadurch erhalten. Rezepte finden Sie unter dem entsprechenden Gemüsenamen oder im Sachregister. Siehe auch Mischgemüse *

Gemüse-Salat

für 2 Personen:

3/4 Tasse süße Sahne	schlagen,
1 EL Delikatessmayonnaise	locker damit vermischen,
1 kleinen Apfel	gewaschen, mit der Schale und
1 Stück frischen Sellerie	geschält in die Mischung raffeln,
1 Dose Mischgemüse ca 300 g	mit folgendem Inhalt:
feine Erbsen, kleine Karotten,	
Spargelspitzen, oder Schwarz-	
wurzeln und Pfifferlingen	abgetropft zufügen,
1 EL frische Kräuter	
Zitronenmelisse, Petersilie	sehr fein gehackt,
und Schnittlauchröllchen	zufügen. Sehr gut zu kaltem Fleisch oder hartgekochten Eiern.

Geschnetzeltes

siehe Zürcher Geschnetzeltes * S.201
und Schweinefilet geschnetzelt* S.187

Glasnudeln (Fense)

sehr dünne, milchglasfarbene Nudeln aus Sojamehl für chinesiche
Gerichte werden erst 5 Min. in kaltem Wasser eingeweicht, mit
der Küchenschere in ca. 10 cm lange Stücke schneiden. Wenn aber
mit Stäbchen gegessen wird, bleiben sie lang. Sie sollten im
Gericht nur kurz ziehen und nicht kochen, sonst werden sie zu
weich. Glasnudeln kann man auch in Brühe * oder Salzwasser ziehen
lassen und unter gemischten Salat geben.

Goldbarschfilet mit Orange

siehe auch Fisch allgemein und Fischfilet.

für 1 Person:

1 Filet v. Schellfisch Rot- oder Goldbarsch	mit Salz abreiben,kurz abwaschen und mit dem Saft von
1/2 Naturorange	beträufeln, die Schale der
1/2 Naturorange	ohne weißer Innenhaut fein nudelig schneiden,das Filet mit
Salz und Curry	würzen, in
3 EL Mandelblättchen	wenden, dann in einer Pfanne
3 TL Butter	aufschäumen lassen, den Fisch einlegen, bei mäßiger Hitze goldgelb backen. Obenauf mit
2 Orangenscheibchen u.-schalen	belegen.Garzeit:**6–8 Min.** Mit Spinat in der Pfanne* reichen.

Goldbarschfilet in Sojasauce

für 1 Person:

1 frisches Fischfilet ca. 200 g	mit Salz abreiben, kurz unter kaltem Wasser waschen. Mit Küchencrepp abtrocknen,in 2 cm breite Streifen schneiden und in folgende Marinade legen:
1 EL Sojasauce 1 EL Zitronensaft 1/2 TL Ingwerpulver 1/2 TL Dajong	verrühren, Fischstücke hineinlegen. Inzwischen Beilage Reis* bereiten.
50 g Sojasprossen	blanchieren u. abtropfen lassen.In einer Stielpfanne die Marinade u.
1 EL Erdnuß-oder Maiskeimöl wenig Salz und Stärkemehl	erhitzen, die Fischstücke kurz in wenden, beidseitig insgesamt **8 Min.** braten. Sprossen zur Sauce geben, nach Belieben mit
Reiswein	abschmecken.

Grüne Nudeln mit Lachs

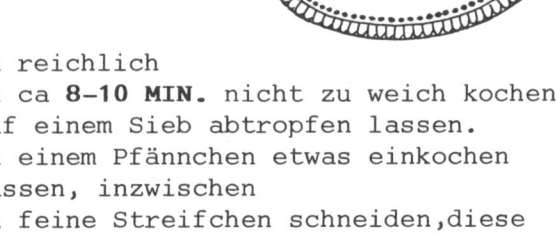

für 2 Personen:

200 g Grüne Nudeln Salzwasser mit 1 Tl Öl	in reichlich in ca **8–10 MIN.** nicht zu weich kochen, auf einem Sieb abtropfen lassen.
1 Tasse süße Sahne	in einem Pfännchen etwas einkochen lassen, inzwischen
100 g Räucherlachs	in feine Streifchen schneiden, diese in die Sahne geben und sofort unter die heißen Nudeln mischen.

Grüne Nudeln mit Sahnechampignons

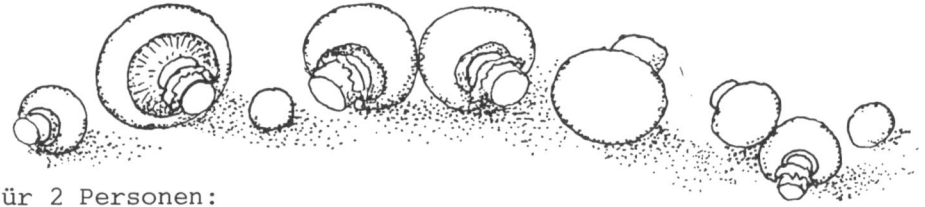

für 2 Personen:

1 kleine Zwiebel 1 EL Butter	feinwürfelig schneiden und in glasig anlaufen lassen.
250 g Champignons	putzen, blättrig schneiden und zu den Zwiebelchen geben. Nach Belieben
1 Knoblauchzehe 200 g süße Sahne wenig Salz, Pfeffer	darüberpressen, zugeben, offen einkochen lassen. Mit und frischgehacktem Basilikum würzen, in der Zwischenzeit
200 g Grüne Nudeln Salzwasser mit 1 EL Öl	in reichlich in ca 10 Min. nicht zu weich kochen, nach dem Abtropfen mit der Sauce locker vermischen, nach Belieben mit
geriebenem Käse	überstreuen. Garzeit ca. **15 Min.**

Foto:
          Tomatensalat
          mit Mozzarella *

Grüne Nudeln mit Lachs *

Grüne Sauce Frankfurter
von Traudl Tischler

4 Eier
125 g Remouladensauce
1 Tasse sauren Rahm
1/2 Naturzitrone
1 Msp Salz 1 Msp Zucker
2 EL milden Senf
1 Knoblauchzehe
1 Gewürzgurke

2-3 handvoll Kräuter

8 Min. kochen,abbrausen, abpellen,
(fertig)
Saft und Schale von

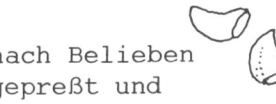

nach Belieben
gepreßt und
sehr fein gehackt, das Weiße der Eier
gehackt und
sehr feingehackt untermischen.Die gehackten Eidotter werden am Schluß über
die Sauce gestreut. **Kräutermischung:**

Petersilie, Liebstöckel, Zitronenmelisse, Estragon, Sauerampfer,
Kerbel, Thymian, Basilikum, Boretsch, Schnittlauch und Pimpinelle.

Grüne Sauce italienisch

für 2 Personen:
1 hartgekochtes Ei
3 grüne Oliven ohne Stein
3 Knoblauchzehen
8 Mandeln geschält
1 Schalotte

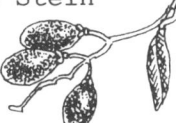

1 Anchovisfilet
3 EL Olivenöl
1 EL Zitronensaft
1 TL Kapern
1 EL Petersilie u. Basilikum

Alles im Mixer oder mit Mixstab pürieren.

G

Grünspargel

enthält außer Vitamin C auch das Provitamin A vom Carotin,welches
weißer Spargel nicht besitzt. Mit seinen 20 Kalorien pro 100 g
zählt Grünspargel zu den "schlanken" Gemüsen und ist außer dem
Genuß auch noch wegen seiner entwässernden Wirkung ideal für eine
Frühjahrskur geeignet. Ein weiteres Plus: Grünspargel ist nicht
arbeitsaufwendig, da nur der untere Teil der Stangen geschält
werden muß.

Grünspargel gekocht

für 1 Person: als Beilage 250 g, Hauptgericht 350 - 500 g

Wasser mit 1 EL Salz
1 TL Zucker und
1 TL Butter oder Öl

zum Kochen aufsetzen, die geputz-
ten und gewaschenen Spargel einlegen und je nach Stärke der Stangen ca **12 Min.**leise kochen lassen.
Topf auf der Herdplatte verschie-
ben, denn die Köpfe sind sehr
schnell durch! Am unteren Stangen-
ende Garprobe machen.Mit Hollän-
discher Sauce * Kräuterjoghurt-
Sauce*oder Malteser- Sauce* oder
einfach mit zerlassener Butter
genießen.

Grünspargel-Salat

für 1 Person:

250 g Grünspargel

Salatsauce Nr. 1 * S.170

1 hartgekochtes Ei
Schnittlauchröllchen
100 g Champignons oder
      Egerlinge

kochen wie oben.Spargel abgetropft
auf eine kl. tiefere Platte legen.
mit etwas Spargelbrühe vermischen,
über den Spargel gießen.
feinhacken und mit reichlich
darüberstreuen.VARIATION :

wie Pfifferlinge geröstet* S.152
noch warm darübergeben.

G

Gurken-Salat

muß weder geputzt noch gewaschen werden und zählt deshalb zu den
"schnellen" Salaten.Er wird erst kurz vor dem Verzehr bereitet,
da er keineswegs lange stehen soll. Dicke Gärtnergurken werden
geschält, dünne Schlangengurken können,so es sich um ungepritzte
Ware handelt,nur gewaschen mit der Schale gehobelt werden.

für 2 Personen:

1/2 Gurke ca 300 g	mit Gurkenhobel in eine Schüssel hobeln,
1 EL hellen Essig	und
4 EL dicken sauren Rahm	
1/2 El Senf,Pfeffer	aus der Mühle,
wenig Kräutersalz	und reichlich gehackten
Dill	sowie feingeschnittenen Boretsch untermischen. VARIATION: 1 dünne Frühlingszwiebel mit Grün in Ringe geschnitten,untermischen oder ein- mal die Gurke raffeln statt hobeln.

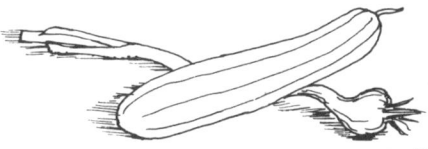

Gurkensuppe

herrlich an heißen Tagen!

für 1 Person:

1/2 frische Gärtnergurke	dünn schälen,in ein Glas oder Por- zellangefäß fein reiben.
1/2 Becher Joghurt	zufügen, mit
1-2 Zehen Knoblauch	gepresst,
wenig Salz u. Essig	
1 EL Dill	sowie
1 TL Basilikum	ebenfalls feingehackt, würzen.Zu- gedeckt sehr kalt stellen. Vor Gebrauch
1 EL saure Sahne	einrühren.

Hackfleischpfanne mit Reis

für 1 Person:

4 El Langkornreis	körnig kochen s.S.161
125 g Hackfleisch	mit
1 kl. Zwiebel	gehackt,
wenig Salz, Pfeffer	und
Paprika	würzen.
1 EL Öl u. 1 TL Butter	in einer Stielpfanne erhitzen, das Hackfleisch hineingeben,
1 Tasse frische Erbschen	und den Reis zufügen, gut durchrühren,
heiße Brühe	nach Bedarf angießen. Garzeit **12 Min.**

Hackfleisch mit Sojasprossen

für 1 Person:

Beilagen vorbereiten.

125 g Rinderhack	in eine Schüssel geben,
1 Schalotte	
1 TL candierten Ingwer	gehackt und
1 mittlere Möhre	geraffelt, zufügen. Mit
wenig Salz,	
schwarzem Pfeffer	aus der Mühle,
1/2 TL Curry	und
1 Msp Sambal	würzig abschmecken.
1 EL Butter	in einer Stielpfanne erhitzen, das Fleisch hineingeben, rasch bei großer Hitze unter Rühren anbraten,
50 g Sojasprossen	blanchiertund abgetropft, unterheben, mit
Sojasauce	würzen und gleich zu Tisch geben. Als Beilage Reis * Gemüse oder aber auch Couscous * oder nur Brot.

Hähnchen und Hühnchen

sollten Sie eigentlich nur zubereiten, wenn Sie Gelegenheit haben
f r i s c h e s Geflügel aus freiem Auslauf zu bekommen. Ein
Hähnchen, ein Hühnchen, ein Gockel oder ein Gickerl sollte, was
es früher war, eine Delikatesse sein. Hier ein altes Rezept, das
heute noch seine Gültigkeit hat.

Brathähnchen

für 2 Personen:

1 frisches Bauernhähnchen
   bratfertig ca 800 g   kurz waschen, trockentupfen, innen mit
wenig Salz und Pfeffer   aus der Mühle gründlich einreiben,
1 TL Butter
1 Bund Petersilie   gewaschen und ausgeschüttelt,
1/2 TL Rosmarinnadeln   sowie das Herz und den Magen in das
Bäuchlein stecken. Das Hähnchen mit
Butter oder Öl   außen bepinseln. Backröre auf 220°
vorheizen. Das Hähnchen in einer klei-
nen Bratpfanne oder auf dem Grill
40 – 45 Min. braten. Öfter mit Butter
bestreichen. Zum Schluß mit **kaltem**
Salzwasser   bepinseln und kurz höchste Hitze ein-
schalten, dann erhält das Brathähnchen
eine herrlich knusprige Haut.
Die Sauce kann man nach Belieben mit
Brühe * oder heißem Tee   angießen. Wenn Sie Wert auf Sauce legen, dann geben Sie
1 Suppengrün * S.15   und
1 Tomate   gewaschen und in Stücke geschnitten
mit in die Bratpfanne. Als Beilage:
Salat, Gemüse, Petersilienkartöffel=
chen oder Reis.

Wenn etwas übrig bleiben sollte, kann dies für Geflügelsalat *
Lorles Tomatenschmaus * oder Riz Colonial * verwendet werden.

H

Hähnchen mit Zitronensauce

für 1 Person:

2 Hähnchenschlegel	waschen, abtrocknen, mit dem Saft von
1/2 Naturzitrone,	
weißem Pfeffer, Salz	und gehackter
Zitronenmelisse	einreiben. In einer Kasserolle
1 EL Butter	erhitzen, die Hähnchenkeulen darin nur leicht anbraten,
wenig Hühnerbrühe * S.93	heiß angießen, zugedeckt ca **20 Min.** dünsten. Inzwischen Beilagen bereiten. Wenn die Schlegel weich sind,
1 Eigelb mit 3 EL Sahne	verschlagen, die feingeriebene Schale von
1/2 Naturzitrone	zufügen und in die Sauce geben. Nur erwärmen, nicht kochen. Beilagen : Reis * Petersilienkartöffelchen * oder Gemüse aus der Pfanne.

Hamburgers

bestehen aus schierem, reinem Rindfleisch im Gegesatz zum Deutschen Beefsteak. Von Hamburgers sollte man gleich ein paar mehr braten, da diese ideal zum Mitnehmen oder zum Kaltessen sind.

für 1 Person:

150 g schieres Rinderhack	mit
1/2 weißen Zwiebel	gehackt,
1 Msp Salz	
schwarzem Pfeffer	frisch aus der Mühle und
1 Eigelb	vermengen. 2 Kugeln formen, diese etwas plattdrücken. Kurz kaltstellen.
1 EL Öl und 1 TL Butter	erhitzen, das Fleisch bei mäßiger Hitze von jeder Seite **4 – 5 Min.** braten. Salat dazu, Spinat aus der Pfanne * oder anderes Gemüse. Sehr gut, wenn auch nicht stilecht: ein getoastetes Schwarzbrot mit Kräuterbutter* bestrichen, dazugeben.

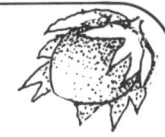

Haselnuß-Plätzchen

ca 350 g Plätzchen.

100 g Haselnüsse	leicht geröstet und gerieben,(gibt es zu kaufen) - auf ein Backbrett geben,
100 g Mehl	mit
100 g Puderzucker	darübersieben,eine Mulde eindrücken.
1 Eigelb	hineingleiten lassen, auf den Mehlrand
80 g Butter	in Stückchen legen, erst mit einem Messer dann mit der Hand zusammenkneten. Rollen von 3 cm ⌀ formen, in Folie gewickelt in den Kühlschrank legen. Backrohr auf 190° vorheizen. Von den Rollen 5 mm Scheibchen abschneiden, auf ein mit Folie bedecktes Blech legen und auf der Mittelschiene ca **12 Min.** backen. Sehr mürbe und gut.

Hefe-Apfel-Küchle

für 1 Person oder für 2 Personen als Nachtisch.

1 Tasse Mehl	in einen Becher geben.
1 TL Hefe	mit
2 EL Zucker	verrühren, in
1 Tasse Milch	(lauwarm) auflösen, zum Mehl geben.
1 Ei und 1 EL Öl	zufügen und glattrühren. Warmstellen. Inzwischen
1 großen mürben Apfel	schälen, vierteln, vom Kernhaus befreien, feinaufgeschnitten unter den inzwischen schon leicht aufgegangenen Teig mischen. In einer Stielpfanne von 26 cm ⌀
2 EL Butter	erhitzen, mit einem Schöpflöffel 3 - 4 Küchle einlegen und bei Mittelhitze beidseitig schön goldgelb backen. Garzeit **6 Min.** Nach Belieben mit
Zimtzucker	bestreuen.

Hefe-Kirsch-Küchle

gleiches Rezept wie oben   mit 1 Tasse entsteinter Kirschen.

Hefezungen süß

von Sophie Perlinger
Furth i/Wald

ca 250 g Gebäck

20 g Hefe	mit
1 TL Zucker	glattrühren,
1 kl. Tasse Milch	lauwarm zulaufen lassen,in
250 g Mehl	einrühren,
1 Msp Salz	zufügen und
80 g Butter	lauwarm einrühren,nur kurz durch-

kneten. Nicht gehen lassen. Gleich walnußgroße Kugeln formen, diese zu länglichen Zungen ausrollen. Wenn Sie keinen Teigroller besitzen, einfach mit einer Glasflasche ausrollen. Die Zungen auf einer Seite in

groben Zucker

drücken. Mit der ungezuckerten Seite auf Folie oder gut bebuttertem Blech im vorgeheizten Backrohr bei 200° **10 Min.** backen. In Blechdose aufbewahren.Frisch am besten!

Hefezungen pikant

sehr gut zu Wein und Bier

gleiches Rezept wie oben verwenden. Nach dem Auswellen die Zungen in folgende Mischung drücken:

80 g Hartkäse (trocken) gerieben,
1 EL Salz
1 EL Rosenpaprika
4 EL Kümmelsamen

locker mit einer Gabel vermischen. Die Zungen nur einseitig in die Mischung drücken, mit der Seite ohne Belag auf Folie oder gut bebuttertes Blech geben und hellgelb in ca **10 Min.** backen. Nicht dunkel werden lassen, sonst schmeckt der Käse bitter. Frisch am besten!

Heidelbeer-Pfannkuchen

für 1 Person :

Pfannkuchenteig * S.151   herstellen, für 1 Pfannkuchen
ca 50 g Heidelbeeren   vorbereiten. Gleich in den Teig mi-
mischen. Beeren sollten möglichst
trocken sein. Bei nicht zu starker
Hitze backen, vor dem Wenden Butter-
stückchen unterschieben. Erst den
fertigen Pfannkuchen zuckern.

Heidelbeer-Sahne

ein schnelles Dessert, das aus frischen, tiefgefrorenen oder
eingekochten Beeren hergestellt werden kann.

für 1 Person:

2 Tassen Heidelbeeren   kurz waschen abtropfen lassen,1 Tasse
der Beeren mit dem Mixstab oder mit
einer Gabel vermusen, nach Belieben
süßen,

1 Tasse süße Sahne   schlagen, unterheben und die anderen
Beeren untermischen. Erwachsene kön-
nen noch

1 EL Kroatzbeere   oder
1 EL Amarettolikör   darübergießen, denn das schmeckt besonders fein. VARIATION:
Unter die Heidelbeeren einige zer-
krümelte Mandelmakronen mischen.

Heidelbeer-Quark

für 1 Person:
60 - 100 g Quark   glattrühren, je nach Fettstufe noch
1 - 2 EL süße Sahne   zufügen, nach Belieben süßen.
Die Beeren unterheben wie oben be- -
schrieben.

gut für Senioren

Hirse

ersetzt den Reis in den heißen Ländern, in denen Reis nicht mehr gedeihen kann. Man sagt Hirse macht schöne Haut und einen stolzen Gang, weil sie die Knochen stark macht.

Hirsebrei

für 1 Person:

1 Tasse Hirse	mit
2 1/2 Tassen Brühe *	und
1 Msp Kräutersalz	langsam auf
	kleinster Hitze
	ca **15 – 20 Min.**
	quellen lassen, Hirse
	darf keineswegs zu weich werden.
1 Tasse Crème fraîche	unterrühren und mit gehackten
frischen Kräutern	vermischen.

von Tante Eva

Hirsebrei *süß von Resi*

für 1 Person:

1 Tasse Hirse	mit
2 1/2 Tassen Wasser	langsam auf kleiner Flamme köcheln.
	Nach Belieben mit
1 Tl Honig	süßen
1 Tasse süße Sahne	untermischen.

Hirsesuppe mit Lauch

für 2 Personen.

1 Tasse Hirse	in
4 Tassen Brühe *	10 Min. kochen,
1 Stange Lauch	putzen, in Rädchen schneiden, waschen,
	in die Suppe geben und köcheln bis
	der Lauch fertig aber nicht zu weich
	ist. Mit
Curry	abschmecken und mit frisch gehackten
Kräutern	bestreuen. Garzeit ca **15 Min.**

Hollandaise

für 2 Personen:

3 EL Weißweinessig
3 EL Weißwein
1 Lorbeerblatt
4 weiße Pfefferkörner
1 EL Zitronensaft
1 Msp Salz

Original beansprucht etwas mehr Zeit

in einem Pfännchen
einkochen lassen, Gewürze herausnehmen. 2 EL dieser Flüssigkeit mit

2 Eidottern

im Wasserbad aufschlagen, bis die
Masse dicklich wird, dann

60 g lauwarme Butter

löffelweise unterschlagen.
Gleich zu Spargel, Fleisch oder zu
Blumenkohl geben.

Holländische Sauce

für 1 Person:

1 Eidotter
1 EL Zitronensaft
1 TL Estragonessig   und
1 EL Mehl   glattrühren, mit
wenig Salz, 1 Msp Zucker   und
weißem Pfeffer   würzen,
1 kl. Tasse Spargelbrühe   oder andere
         Gemüsebrühe   langsam angießen und das Ganze im
                                    Wasserbad schlagen, bis die Masse
                                    dicklich wird,
1 TL weiche Butter   unterschlagen,
3 EL steife Schlagsahne   locker unterheben.

schnell und leicht!

Hühnerbrüstchen chinesisch

für 1 Person:

1 EL getrocknete chin. MU - ERR
Pilze oder Herbsttrompeten   lauwarm einweichen,
oder frische Pilze   putzen und in Scheibchen
    schneiden,

1 - 2 Hühnerbrüstchen   in 2 cm Streifen schneiden,
    mit

Dajong, Salz und Pfeffer   einreiben,
50 g Sojasprossen   kurz überbrausen, wenn nötig
    Samen abstreifen.

3 Frühlingszwiebeln mit Grün oder
2 junge Lauchstangen   in 4 cm Stücke schneiden.
20 g Glasnudeln   kalt einweichen, vor Verwen-
    dung mit Schere durchschnei-
    den, wenn mit Stäbchen geges-
    sen wird, lang lassen.

1 EL Öl   erhitzen, das Hühnerfleisch
    zugeben, rasch wenden, die
    anderen Zugaben beifügen.

1/2 Tasse Hühnerbrühe * S.93   angießen, mit
Sojasauce, Sambal Oelek   und
wenig Ingwer   abschmecken. **4 Min.** dünsten.

Beilagen:

Trockner Reis * S.161
Erdnüsse und in Streifen
geschnittene Gurken.

Wenn Besuch kommt, kann dieses
Gericht auch vorbereitet werden. Es ist nicht so arbeitsaufwendig, wie das Rezept es
erscheinen läßt.

Hühnersuppe

kann man ohne großen Zeitaufwand aus einem Hähnchen herstellen. Dieses hat eine wesentlich kürzere Garzeit und außerdem ist die Suppe dann nicht so fett. Kräftiger schmeckt die Hühnersuppe, wenn noch ein paar Rindsknochen oder ein Stückchen Rindfleisch mitgart.

für 2 Personen:

500 g Rindsknochen
1 Suppengrün *
1 1/2 l **kaltem** Wasser

Petersilie
frische Hähnchen oder
Huhn

waschen, mit
geputzt, in Stücke geschnitten in
zum Kochen aufstellen, erst wenn die
Brühe aufwallt, das gewaschene mit
ausgestopfte

einlegen, Hitze reduzieren und leise köcheln lassen. In der Zwischenzeit kann man die Einlage vorbereiten, seien es Nudeln * Reis * oder Pfannkuchen *.
Die Garzeit beträgt je nach Alter des Tieres zwischen **30 - 45 Min.**
im Schnellkochtopf **15 - 20 Min.**
Das fertige Hähnchen wird in mundgerechte Stücke geschnitten, mit den Nudeln, Reis oder Pfannkuchen in der gut abgeschmeckten Brühe als Eintopf serviert. Siehe auch Nudelsuppe mit Huhn * S.140!

Hühnersuppe mit Reis

für 1 Person:

80 g Langkornreis
Salzwasser
Hühnerbrühe* siehe oben,

Curry und Dajong

waschen, am besten erst alleine kurz in kochen, dann abgetropft in die fertige einrühren. So bleibt die Suppe sehr schön klar. Fleischzugabe wie im obigen Rezept. Nach Belieben kann man noch als Würze beifügen.

Husarenfleisch

für 1 Person:

150 g Tatar	in eine Schüssel geben,
1 weiße Zwiebel	
1/2 Apfel entkernt	und
1 Gewürzgurke	feingewürfelt zufügen.
	Das Fleisch mit

1 TL Meerrettich
1/2 TL Cayennepfeffer
1/2 TL Curry
1/2 TL Streuwürze

1 EL Tomatencetchup	und
1 Msp Sambal	würzen.
1 Eigelb	
2 EL Crème fraîche	beigeben und alles schnell vermi-schen. In einer Stielpfanne
1 EL Butter und 1 EL Öl	erhitzen, das Fleischgemisch hineingeben, bei hoher Hitze anbak-ken, dann umrühren bis es nicht mehr rot ist. Gleich zu Tisch geben.

Beilagen: Reis * Grüne Bohnen *
oder Couscous *
Garzeit: **6 Min.**

VARIATION von Gudrun:

statt Tatar gehacktes Kalbfleisch
nehmen, sehr gut würzen. Eine Pa-
stetenform mit Blätterteig ausle-
gen, Fleischmasse einfüllen, mit
Blätterteig abdecken, Löcher einstechen - mit Eigelb bestreichen
und im Backrohr bei 200° backen.

Sehr gut für ein Gästeessen geeignet.

Joghurt-Kräutersauce siehe Salatsauce* Nr.3 Seite 171

Joghurtschaum mit Himbeeren

von Frau Roskothen

für 1 Person:

1/2 Tasse Sahne   steifschlagen,
1 Tasse Joghurt   mit
1 TL Zitronensaft   vermischen, langsam unter die Sahne
                       heben.

100 g Himbeeren oder
andere weiche Früchte in eine Schale füllen. Nach Belie-
                       ben süßen. Den Joghurtschaum locker
                       darüber verteilen.

Johannisbeeren

sind eingefroren schwer erhältlich, man sollte deshalb ein paar
kleine, flache Beutel davon einfrieren. Die Mühe lohnt sich.
Jeder Fruchtsalat erhält damit eine besondere Note. Unaufgetaut
zu anderem Obst gegeben, ersparen sie das Kühlstellen.

Johannisbeerkuchen:

Mürbteig * S.135   herstellen. In eine 26 cm Spring-
                       form dünn Mürbteig einlegen,kühl-
                       stellen. Inzwischen
500 g Johannisbeeren   waschen und entstielen.
4 Eiweiß mit 1 Msp Salz steifschlagen, nach und nach
200 g feinen Zucker   einrieseln lassen,
100 g Mandeln   gerieben, und die Johannisbeeren
                       untermischen.Mürbteig bei 220° im
                       vorgeheizten Backrohr erst etwas
                       vorbacken,dann Baisermasse aufstrei-
                       chen und den Kuchen ca **45 Min.**
                       im Backrohr belassen. Hitze reduzie-
                       ren auf 180°.
                       Günstig, wenn übriggebliebenes
                       Eiweiß vorhanden ist.

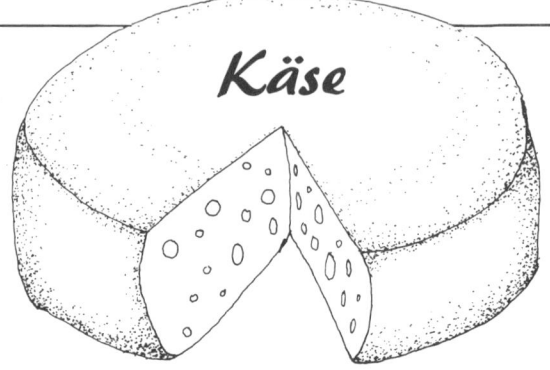

Käse

wird in der feinen, schnellen Küche in jeder Form verwendet. Deshalb ist es vielleicht ganz gut zu wissen:

Die Bezeichnung **FETT i. Tr.** bedeutet keineswegs den Fettgehalt der betreffenden Käsesorte, sondern den **FETTGEHALT IN DER TROCKENMASSE** und damit bekommt der Käse zuweilen ein ganz anderes Gesicht.

So enthalten zum Beispiel 100 g :

Käse–Sorte	Fett i.Tr.	Fett	Kcal	Joule
Frischkäse	45%	13,0 g	178	753
Emmentaler	45%	29,9 g	398	1674
Doppelrahm-frischkäse	60%	29,0 g	341	1423

Also: je härter der Käse mit gleichem Fett i. Tr., desto kalorienreicher ist er.

Zum Überbacken von Speisen ist Käse mit hohem Fettanteil am besten geeignet, da dieser sehr leicht schmilzt.

Im übrigen ist es immer ratsam ein Stück Hartkäse am Stück oder gerieben in einem Schraubglas im Tiefkühlfach in Vorrat zu haben. Eingefrorener Käse läßt sich übrigens unaufgetaut gut reiben.

Käsenocken

für 2 Personen:

200 g Hüttenkäse — ziemlich trocken, wenn er zu feucht sein sollte, in einem Sieb abtropfen lassen, bevor man ihn in eine Schüssel gibt.

1 Ei, 1 Msp Salz
3 EL Reibekäse — und
2 EL frische Kräuter — gehackt zufügen, mit
80 g Grieß·Msp Muskat — und
ca 3 EL Mehl — vermengen. Den Teig, wenn möglich 1 Std. in den Kühlschrank stellen.

1 l Brühe * oder
Salzwasser — in einem feuerfesten Topf zum Kochen bringen, erst ein Probenockerl mit zwei Esslöffeln formen, wenn dieses gut wird, alle Nocken einlegen und in der schwachkochenden Brühe **10 Min.** ziehen lassen. Die Nocken kann man auch auf einem Sieb über Wasserdampf garen. Nach dem Kochen im Wasser, die Nocken auf ein Sieb zum Abtropfen geben. Zurück in den heißen Topf und mit

50 g jungem Gouda oder
     Emmentaler — gerieben, bestreuen, Topf zudecken, damit der Käse schön schmelzen kann. Schnell
1 EL Butter — bräunen und darübergeben.
Gut mit grünem Salat.*
Nockerl können auch in Brühe* serviert werden.

K

Käseomelette

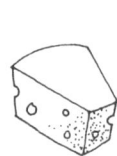

für 1 Person:

3 kalte Eiweiß	nicht zu frisch, mit
1 Msp Salz	sehr steif schlagen,
2 Eidotter	mit
* 3 EL Gouda	(gerieben) verrühren,
	locker unter den Eischnee heben.
	In einer Stielpfanne von 26 cm ⌀
2 EL Butter	aufschäumen lassen, die Eimasse hinein-
	geben und bei kleiner Hitze stocken las-
	sen. Die Oberfläche des Omelettes sollte
	noch schaumig sein, dann
* 3-4 EL Gouda	gerieben darüberstreuen, Pfanne zudecken
	bis der Käse schmilzt. Omelette zusammen-
	schlagen und mit Salat auftragen.
	VARIATION: Masse in einer Form im Backrohr
	bei 200° **10-15 Min.** hochgehen lassen.

Käsespatzen

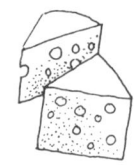

für 2 Personen:

2 Tassen Mehl 240 g	in einen Becher geben,
1 Tasse Wasser 170 g	
2 Eier u. 1/2 TL Salz	zufügen, zu zähem Teig kurz abschlagen.
Salzwasser mit 1 TL Öl	zum Kochen aufsetzen. Spätzle mit Spätzle-
	hobel oder vom Brett geschabt in das Was-
	ser geben. Nur kurz aufkochen lassen, ab-
	sieben und gut abtropfen lassen.
3 EL Butter	in einer Pfanne zerlaufen lassen, Spätzle
	hineingeben,
* 6 EL Emmentaler	gerieben darüberstreuen und fest vermi-
	schen, bis der Käse Fäden zieht.
	Nach Belieben
* 1 Zwiebel	in Ringe schneiden, in
1 EL Butter	bräunen und auf die Spätzle geben. Als
	Beilage Salat*oder auch wie es die Schwa-
	ben mögen - mit Sauerkraut.
	Garzeit ca **15 Min.**

Käsestangen

ein schnelles Gebäck, wenn Sie vom Apfelstrudelteig übrig haben
oder ein Paket Tiefkühlblätterteig verwenden.

Blätterteig	ggf. auftauen, in 2-3 cm breite Streifen schneiden, auf ein mit Folie bedecktes Blech legen.
1 Eigelb	mit
1 EL dickem Rahm	vermischen und die Stangen damit bestreichen, nach Belieben können sie gedreht werden, s. Zeichnung.
Kümmel, grobes Salz	und geriebenen
Hartkäse	darüberstreuen. Inzwischen Backherd vorheizen und die Stangen bei 210° in **8-10 Min.** goldgelb backen.

Käseomelette

von Familie Euringer Regensburg

für 1-2 Personen:

1/8 l Milch	mit
4 EL Butter	zum Kochen bringen,
5 EL Mehl	hineingeben und unter Umrühren abbacken, auskühlen lassen. In einer Auflaufform oder einer Pfanne, die man in das Backrohr stellen kann
1 EL Butter	verlaufen lassen. Unter den Teig
3 Eigelb	und bei süßem Omlette
2 EL Zucker	unterrühren. Backrohr auf 220° vorheizen.
3 kalte Eiweiß	mit
1 TL Zitronensaft	sehr steif schlagen, unterziehen. Masse in die Form geben und in der Mitte des Backrohrs **15 Min.** goldgelb backen, und mit
Konfitüre	füllen und zusammenrollen.

Kalbsherz geschnetzelt

für 1 Person:

am besten 1 Kalbsherz kaufen, eine Hälfte schnetzeln, die andere Hälfte im Blausud * bereiten oder:
1 Kalbsherz für 2 Personen rechnen.

1 Kalbsherz

vom Fett befreien, gut waschen, in Streifen von ca 3 cm Länge oder in Würfel schneiden.

1 Zwiebel
2 EL Butter

gehackt, in einer Pfanne in
anlaufen lassen, das Herz zufügen, rasch anbraten, mit

Salz und Pfeffer

aus der Mühle würzen, die Schale von

1/2 Naturzitrone
1 TL Tomatenmark

darüberreiben,
beifügen, zugedeckt ca **10 Min.** dünsten. Gemüse, Rösti oder Reis als Beilage.

Kalbshirn Wiener Art

Garzeit 10 Minuten

für 1 Person:

1/2 Kalbshirn

wässern, häuten, in kleine Stückchen schneiden oder durchhacken,

1 Schalotte
1 EL Butter

kleinwürfeln, in
anlaufen lassen, das Hirn zufügen, mit

wenig Salz u. Pfeffer
1/2 Naturzitrone

bestreuen, die Schale von
darüberreiben, noch feiner:
Schale feinnudelig schneiden!

1 El Petersilie
1 - 2 Eier

feingewiegt anstreuen.
verklöppeln, über das Hirn geben, sofort umrühren und vom Feuer nehmen, damit das Ei nicht trocken wird, wenn es in der heißen Pfanne noch nachgart. Mit Brot essen.

VARIATION: Diese Masse in einen Pfannkuchen * füllen. Sehr fein!

Kalbskotelett italienisch

für 1 Person:

1 Kalbskotelett	mit
Kräutersalz u. Pfeffer	sowie mit
Oregano	einreiben.
1 EL Öl und 1 TL Butter	in einer Pfanne von ca 28 cm ⌀ erhitzen, das Fleisch auf jeder Seite 3 Min. braten, insgesamt **6 Min.**
1 Fleischtomate	schälen, in dicke Scheiben schneiden, mit
1 TL frischem Basilikum	gehackt, bestreuen. Das angebratene Fleisch an den Pfannenrand schieben, die Tomaten einlegen. Auf das Kotelett
1 Scheibe 60°igen Käse	breiten, Pfanne zudecken. Während der Käse schmilzt, sind die Tomaten gar.

Kalbskotelett indisch

für 1 Person:

1 Kalbskotelett	mit der Hand etwas klopfen,
1 EL Öl und 1/2 TL Curry	vermischen, das Kotelett damit einreiben.
1 Banane	in Scheiben schneiden.
2 EL Butter und 1 El Öl	in einer Stielpfanne erhitzen,
1 EL Mandelstifte	hineingeben, hellgelb rösten, auf einen Teller füllen, das Fleisch in die Butter legen, von jeder Seite 4 – 5 Min. bei kleiner Hitze braten, die Bananenscheibchen mitgaren, auf das Fleisch legen und die Mandeln darüberstreuen. Warmstellen. Den Bratenfond mit
heißem Tee oder Brühe *	lösen,
4 EL süße Sahne	einrühren, mit
Curry und wenig Ingwer	würzen. Dazu schmeckt Wildreis * oder trockener Langkornreis. S. 191 Garzeit **12 Min.**

Kalbsschnitzel mit Lauch

für 2 Personen:

1 Stange Lauch	putzen, entweder in Schnitzelbreite in Stücke schneiden oder in schmale Streifchen von ca 4 cm trennen. Gründlich waschen, kurz in kochendem
Salzwasser	blanchieren, abtropfen lassen.
2 dünne Kalbsschnitzel	zwischen Folie klopfen, mit
je 1 Scheibe Parma - schinken	belegen, den abgetropften Lauch daraufgeben, die Schnitzel zusammenklappen und hauchdünn mehlieren. In einer Stielpfanne
1 EL Butter u. 1 EL Öl	aufschäumen lassen, Schnitzel einlegen, beidseitig je 3-4 Min. unter häufigem Begießen nicht zu scharf braten. Sehr gut zu Risotto* Reis* Rösti* oder auch mit Couscous.

Kalbsschnitzel Tessiner Art

für 1 Person:

1 Kalbschnitzel 150 g	mit
Streuwürze und Rosmarin	einreiben, leicht mehlieren,
1 EL Öl und 1 TL Butter	erhitzen, das Schnitzel einlegen und von jeder Seite 2-3 Minuten braten, an den Pfannenrand schieben.
1 Scheibe Rohschinken	in Streifchen geschnitten,
4 kleine Salbeiblättchen	und nach Belieben
1 Knoblauchzehe	gehackt mit in die Pfanne geben. Bei guter Hitze schnell durchrühren und auf das Schnitzel legen. Am besten schmeckt Risotto * dazu. Wenn es aber sehr eilt, kann es ein Gemüse aus der Pfanne* oder Couscous* sein. Garzeit **8 Min.**

K

Die Kartoffel

lange als Dickmacher verschrieen, wird nach den neuesten For-
schungsergebnissen wegen ihres hochwertigen Eiweißgehaltes und
Kaliumreichtums für die Ernährung hochgepriesen. Kartoffeln sind
als selbständiges Gericht oder als Beilage ein wichtiger Bestand-
teil unseres Speisezettels. Bei der Zubereitung bedenken:
Der Vitamin C - Gehalt verliert sich bei geschälten und im Wasser
gekochten Kartoffeln. Im Kartoffeldämpfer oder auf einem Sieb
gekochten, ungeschälten Kartoffeln bleibt dieser bis zu 80% erhalten.

K

Kartoffel-Auflauf

für 2 Personen:

500 g Pellkartoffeln *	schälen, in Scheibchen schneiden, lagenweise in eine fest mit
Butter	bestrichene, feuerfeste Auflaufform mit den folgenden Zutaten füllen.
Staudensellerie	in Scheibchen geschnitten,
60 g geriebenen Käse	und insgesamt
30 g Butter	in Flöckchen auf die Lagen verteilt. Mit
Pfeffer aus der Mühle	und
Rosenpaprika	würzen, oberste Lage sollten Kartof-feln sein. Im vorgeheizten Backrohr **20 Min.** bei 230° belassen.
2 Eier und 5 EL Rahm	verklöppeln und über die Kartoffeln gießen.
4 EL Reibekäse	überstreuen und den Auflauf nochmals kurz in die Backröhre stellen. Salat oder Rohkost dazu oder voraus.

Kartoffelpuffer

von Tante Eva

siehe auch
Reibekuchen * und
Reiberdatschi *

für 1 Person:

ca 300 g Kartoffeln	mehlige Sorte wählen, keine neuen Kartoffeln verwenden. Die Kartoffeln gut waschen und bürsten, gewürfelt mit der Schale in den Mixer geben oder mit dem Mixstab pürieren, nach Belieben
1/2 Zwiebel	und
1 kl. Knoblauchzehe	mitmixen.
1 Ei	zugeben und
2 EL Haferflocken oder Mehl	einrühren. In einer Stielpfanne nicht zu viel
Öl	erhitzen, dünne kleine Küchlein einlegen, gut anbraten vor dem Wenden, sonst bleiben sie an der Pfanne hängen. Beidseitig schön knusprig backen und sofort essen.

Garzeit **6 Min.**

Kartoffel-Schmarrn

kann man mit übriggebliebenen Pellkartoffeln schnell herstellen.

für 1 Person:

3-4 Pellkartoffeln	mehlige, sollten es sein, schälen, erkaltet auf einer Gitterreibe raffeln, mit
2 EL Mehl u.1 Msp Salz	bestreuen. In einer unbeschichteten kratzfesten Stielpfanne von ca 26 cm ø
Butterschmalz oder Butter - Öl Gemisch	erhitzen, die Kartoffeln einfüllen, erst gut anbacken lassen, dann mit einer Gabel auflockern bis alles feinbröselig zerfällt. Kartoffelschmarrn ist mit Dickmilch, Apfelbrei oder Sauerkraut gut.

aus dem
Bayrischen Wald

Garzeit **8-10 Min.**

Kartoffel-Suppe

schmeckt selbstgemacht am besten und kann zu einer herzhaften
Mahlzeit werden, wenn man sie je nach Geschmack etwas anreichert.
Die Zutaten für die Suppe hat man sowieso im Hause und wenn man
einen Schnellkochtopf hat, ist diese Köstlichkeit schnell gemacht
und kann auch eingefroren werden.

für 2 Personen:

250 g Kartoffeln	dünn schälen und in Würfel schneiden.
1/4 Sellerieknolle	
2 gelbe Rüben	und
1 Petersilienwurzel	ebenso vorbereiten.
1 kl.Lauchstange	in Ringe schneiden,
1 Zwiebel	schälen, kleinschneiden und in
2 EL Öl	anlaufen lassen, das Gemüse zufügen,
wenig Salz,Pfeffer	und
1 TL Majoran	anstreuen.Die Schale von
1/2 Naturzitrone	feingehackt oder gerieben zufügen,
1 Zweiglein Selleriegrün	und
1 Zweig Liebstöckel	gehackt,beigeben,umrühren und mit
3/4 l Brühe *S.50	aufgießen. Zugedeckt **20 Min.** im Schnell-
	kochtopf **8 Min.** auf kleiner Stufe
	kochen lassen. Dann nach Belieben mit
	dem Mixstab pürieren oder die Gemüse-
	stücke nur leicht zerstampfen. Mit
Petersilie	bestreut auftragen.
	VARIATIONEN:
1 Zwiebel	in Ringe geschnitten in
1 EL Öl	braun braten und auf die Suppe geben.
	Wenn Besuch kommt oder sie die Suppe
	besonders fein machen wollen, pürieren
	Sie diese fein und geben Sie vor dem
	Servieren
2 EL sauren Rahm	und
2 EL Krabben	in die die heiße Suppe.
	Eine andere sehr gute Art:
2 EL getrocknete Pilze	warm einweichen,ausgedrückt zum klein-
	geschnittenem Gemüse geben.Nicht passie-
	ren!

Kassler im Brot

für 1 Person:

1 Vintschgauer
   dunkles kl. Fladenbrot   etwas köpfen,
   siehe Zeichnung.
   Mit der Hand eine
   Tasche eindrücken.
   Dabei das Brot nicht aushöhlen!

1-2 Scheiben gekochtes
Kassler ohne Knochen
von 1,5 cm Dicke   in die Tasche schieben,nach Belieben
frische Kräuter   gehackt beifügen oder das Kassler mit
süßem Senf   bestreichen. Die abgeschnittene Brot-
kappe mit einem Holzstäbchen anstecken.
Das gefüllte Brot in Alufolie wickeln
und gut verschließen.Im vorgeheizten
Bratrohr bei 230° **10 Min.** belassen.
Dazu schmeckt Salat.

Kassler Rippchen im Sauerkraut

für 1 Person:

1 EL Öl, 1/2 TL Zucker   in einem Topf erhitzen,
1/2 Zwiebel   gehackt und
1/2 sauren Apfel   geraffelt darin anlaufen lassen,
200 - 250 g Sauerkraut   aufgelockert beigeben,
1 Tasse Brühe   angießen, zugedeckt **15 Min.** dünsten.
1 gekochtes Rippchen   mit Knochen in das Kraut legen und
10 Min.mitgaren. Im Schnellkochtopf
beträgt die Garzeit **8 Min.** dann abdampfen lassen und das Rippchen kurz
einlegen. Dosenkraut **10 Min.**Garzeit.
Hier kann das Rippchen gleich einge-
legt werden, sobald das Kraut heiß
ist. Beilage Kartoffeln jeder Art.

Knoblauchbrot

1 franz. Stangenbrot	schräg in 2 cm Abständen einschneiden aber nicht durchschneiden.
Knoblauchbutter *	nicht zu sparsam in die Einschnitte streichen. Das Brot in Alufolie wickeln, fest verschließen und im Backrohr bei 200° auf der Mittelschiene **5–8 Min.** belassen.

Knoblauchbutter

200 g weiche Butter 1/2 TL Meersalz	schaumig rühren,
4 Knoblauchzehen	gepresst, zufügen und gut unterrühren. Knoblauchbutter kann gut eingefroren werden.

K

Knochenbrühe

würde sich zum Kochen für 1 Person und 1 Mahlzeit nicht rentieren. Da sich Knochenbrühe a b g e s i e b t einige Tage im Kühlschrank hält und auch gut eingefroren werden kann, ist sie schon zu empfehlen. Besonders im Winter freut man sich auf ein warmes Süppchen, sei es mit Gemüseeinlage oder mit Flädle etc.

1 EL Öl	in einem Topf erhitzen,
1 gelbe Zwiebel	mit der Schale, halbiert ringsum anbraten. (Gibt der Suppe eine schöne Farbe.)
500 g Rinderknochen	
1 Markknochen	gewaschen zufügen,
1 Suppengrün * S.15	gewaschen
1 Tomate	ebenfalls gewaschen, in groben Stücken beigeben, mit
1 1/2 l k a l t e m Wasser	aufgießen. Zugedeckt leise köcheln lassen. Garzeit im Normaltopf 1 1/2 Std. im Schnellkochtopf **20 Min.** Während des Kochens kein kaltes Wasser angießen! Sonst wird die Suppe trüb.

kann auch in einem kleinen Haushalt ohne große Mühe selbst hergestellt werden. Es ist dies dann ein reines Naturprodukt ohne chemischen Zusatz mit 40% weniger Zuckeranteil als üblich. Der Trick besteht darin, lediglich nur jeweils 1 Pfund Frucht mit der angegebenen Menge Zucker zu kochen. Also Menge nicht verdoppeln.

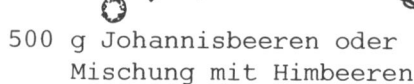

500 g Johannisbeeren oder
   Mischung mit Himbeeren

200 g Zucker

100 Zucker

in einen Topf von 18 - 20 cm ⌀ geben,
untermischen, zum Kochen bringen, **7 Min.** brausend kochen lassen.
zufügen und **3 Min.** brausend kochen lassen. Das wär's!

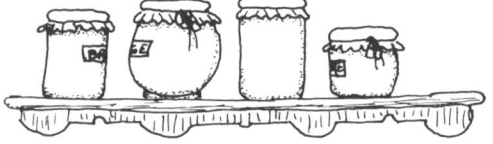

Dem Minihaushalt entsprechend kleine Gläser mit Schraubdeckel oder Twistverschluß kochendheiß einfüllen. Auf den Deckel gestellt auskühlen lassen. Kühl lagern.

Nach dem gleichen Rezept kann auch Johannisbeergelee hergestellt werden. Dann eben 500 g = 1/2 l Saft nehmen. Sehr fein ist auch Konfitüre aus Brombeeren mit Himbeeren oder Vierfruchtkonfitüre.

Kopfsalat

ist allerdings etwas zeitaufwendiger als Gurken- oder Rettich-
salat. Rentabler ist es daher auf einmal etwas mehr zu putzen
und weiterverarbeiten wie bei Salat* beschrieben.

1 Kopfsalat von Strunk und den alten Außenblättern befreien, in reichlich
Salzwasser gründlich waschen,
große Blätter den Rippen entlang
teilen, fest ausschütteln und
die gewünschte Menge in eine
Schüssel geben.Mit

Salatsauce Nr. 1*S.170 oder
Salatsauce Nr.2* S.171 locker vermischen. Nach Belieben
1/2 blaue Zwiebel, gehackt oder in Ringen, o d e r
1 Frühlingszwiebel in Ringen,
frische Kresse und
Radieschen
1 handvoll Brennesseln feingeschnitten,
Blüten der Kapuzinerkresse oder
Schnittlauchblüten zerbröselt
Gänseblümchenköpfe oder
1 kleine Möhre oder geraffelt
1- 2 EL Mais darüberstreuen. Ihrer Fantasie
sind keine Grenzen gesetzt.

Diese Zubereitung gilt auch für alle anderen grünen Salatsorten:
Eissalat,Batavia, Eichblatt, Romana,Endivien, Frisée, Lotte und
Löwenzahn.

Geben Sie den gewaschenen Salat, wenn möglich vor Gebrauch in
einem Frischhaltbeutel in den Kühlschrank, dann ist der Salat
besonders knusprig.

Kräuteraufbewahrung

ist oft ein bißchen problematisch,da diese schnell welken und leicht verderben. Für kurze Aufbewahrung schlägt man sie am besten in ein feuchtes Tuch oder in feuchten Küchencrepp ein und legt dieses Päckchen in den Kühlschrank. Eine andere Möglichkeit ist:Kräuter hacken, in ein Schraubglas geben,mit Öl auffüllen, Haltbarkeit im Kühlschrank 4-5 Tage. Das Aroma der Kräuter hält sich am besten in Kräuterbutter. Wenn im Juni / Juli die Kräuter am zartesten sind,sollte man sich einen kleinen Vorrat an Kräuterbutter zulegen und einfrieren. Sie schmeckt nicht nur auf Fleisch gut - sondern ist auch ein feiner Aufstrich auf ein Bauernbrot oder Toast. Als Beigabe zu Kartoffeln und Gemüse verleiht sie diesen eine besondere Note.

Kräuterbrot

wie Knoblauchbutter * herstellen, an Stelle von Knoblauchbutter Kräuterbutter verwenden.

Kräuterbutter hausgemacht

250 g frische Butter   zimmerwarm in einen Rührbecher geben.
1/4 TL Salz
1/2 TL Dajong Chinagewürz
1 Msp Cayennepfeffer   zufügen.Mit den abgezupften Kräutern:
je 3 EL Dill,Basilikum,
Liebstöckel, Estragon,
Zitronenmelisse,
1 El Thymian und
4 El Petersilie

gleich mit dem Mixstab **zusammen** vermischen.Die Kräuterbutter auf Folie zu einer Rolle formen, kurz anfrieren, beliebig dicke Scheiben abschneiden, Butterbrotpapier dazwischenlegen, wieder gut verschließen und einfrieren. So kann bei Bedarf leicht entnommen werden.Solange die Butter noch weich ist, können Sie auch Tupfen auf Folie Spritzen und diese einfrieren.

Kräuteressig

kann man leicht selbst herstellen.In eine
Flasche guten Weißweinessig gibt man gewaschen und getrocknet folgende Kräuter:
1 Zweiglein Rosmarin, 1 Zweiglein Salbei,
1 Zweiglein Zitronenmelisse, die man vorher mit wenig Essig zerstampft hat und
1 Dolde mit Dillsamen. Das ist alles.

Kräuter-Knoblauch-Sahne

für 2 Personen :

1 Tasse süße Sahne	steifschlagen,
2 kl. Koblauchzehen	pressen,
1 TL Kräuter:	
Petersilie,Dill,Basilikum,	
Liebstöckel,Zitronenmelisse	
und Boretsch	was man eben zur Hand hat, sehr

fein hacken, alles locker unter die
Sahne mischen. Gut zu Fleisch, zu
Fisch und über hartgekochte Eier.

Kräuter-Nockerl-Suppe

für 2 Personen:

100 g = 3 EL Frischkäse	mit
1 Ei,1 Msp Salz	und
4 EL Mehl	verrühren,
1 EL gemischte Kräuter	sehr feingehackt beifügen, mit
	2 Teelöffeln kleine Nockerl formen,
	in bereits gewürzte
3/4 l Brühe* S.50	einlegen, **3–5 Min.** leise ziehen las-
	sen.

Kräuter-Öl

verfeinert gewisse Salate und ist ganz schnell angesetzt. In 1 L gutes Samen-oder Keimöl werden folgende Kräuter gesteckt: 1 Zweig getrocknetes Zweiglein Rosmarin, Salbei, 4 Lorbeerblätter und Pfefferkörner. Nur **getrocknete** Gewürzkräuter verwenden, frische würden das Öl trüb machen. Nach 10 Tagen absieben.

Kräuter-Quark

125 g Quark	mit
2 EL Milch oder Sahne	glattrühren,
1 Frühlingszwiebel	in Ringe schneiden,
1 EL Kräuter:	
Petersilie,Dill,Basilikum,	
Zitronenmelisse,Liebstöckl	sind geeignet, diese kleingehackt untermischen. Gut zu Pellkartoffeln.

Kräuter-Schnitzel

Unser Schulrezept

für 1 Person:

1 Schnitzel vom Kalb oder Schwein	mit
Salz und Pfeffer	und
Zitronensaft	würzen, in 3 cm breite Streifen schneiden,diese in
3 EL frischen Kräutern	die sehr fein gehackt wurden, wälzen, anschließend in
2 EL Mehl	wenden, dieses gut andrücken.
1 Ei u. 1 EL Sauerrahm	verklöppeln, die Streifen durchziehen. In einer Stielpfanne
2 EL Butter oder Öl	erhitzen,die Schnitzelchen einlegen, beidseitig goldbraun backen, dann an den Pfannenrand schieben.
1 Fleischtomate	schälen, in Scheiben geschnitten einlegen, wenden,mit
Petersilie	bestreuen. Fleisch auf den Teller geben und mit den Tomaten umlegen.

Foto:

Pellkartoffeln *

       Kräuterquark *

    Ajoceite *   Pfifferlings-
                  pfanne
Cocktailsauce *

Krabben

schmecken natürlich frisch aus der Schale am besten. Aber nicht jeder kann in diesen Genuß kommen. Für den Minihaushalt sind Tiefkühlpackungen meist zu groß abgepackt und bei Dosenware sollte man einen Rest besser nicht aufbewahren. Hier bietet sich ein gefriergetrocknetes Produkt am zweckmäßigsten an. Man kann dem Glas den gewünschten Teil entnehmen und wieder verschließen bis zur nächsten Entnahme.

Krabben-Cocktail

für 2 Personen:

100 g Krabben frisch oder gefriergetrocknete	letztere kalt überbrausen, 1 TL davon zum Garnieren zurückbehalten. Mit
2 EL Cognac	und
2 EL Mandarinensaft	aus
1 kl. Dose Mandarinen	marinieren.
2 EL frischen Sellerie	sehr fein gerieben, zufügen
2 EL Mandarinenspalten	aus obiger Dose daruntermischen.
3 EL Tomatencetchup	und
1 EL Mayonnaise	verrühren,
1 Tasse süße Sahne	steifschlagen, darunterheben und mit allen Zutaten locker vermischen. In zwei hübsche Gläser füllen, mit den zurückbehaltenen Krabben und Mandarinen-
Pistazienkernen	hübsch garnieren. Sehr fein!

Krabben-Reis

für 1 Person:

60 g Langkornreis	nach Rezept Reis gekocht * herstellen.
2 EL Butter	aufschäumen lassen,
1 Schalotte gehackt	hineingeben, anlaufen lassen,
50 g Champignons frisch	in Scheibchen geschnitten, zufügen, kurz rösten, den Reis zugeben, locker unter Umrühren erhitzen und zum Schluß
50 g Krabben	unterheben. Mit
Curry	würzen und mit Salat auftragen.

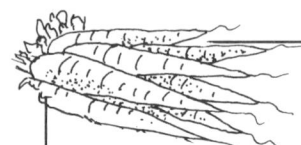

Kraut und Rüben

kennt man auch als Bezeichnung für ein nicht gerade lukullisches Essen. Diese Meinung werden Sie revidieren, wenn Sie dieses neue Gemüse ausprobieren.

für 2 Personen:

1/2 kl. Weißkrautkopf
(jung und grün)

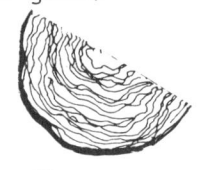

ggf. von den äußeren Blättern und dem Strunk befreien. In lauwarmem Salzwasser gut waschen. Nach dem Abtropfen das Kraut fein schneiden oder hobeln. In einer Stielpfanne von 26 cm ∅

2 El Öl
1 junge gelbe Rübe

erhitzen, das Kraut einfüllen, geschält darüberraffeln, mit dem Kraut vermischt in **3–5 Min.** unter Umrühren garen.Mit

Streu-oder flüßiger Würze

abschmecken. Passt zu Fleisch und Kartoffelgerichten.

Kren s. Meerrettich

Kresse-Melonen-Salat

für 1 Person:

1 Schnitz Melone 200 g
50 g Kresse
1 kl.Schalotte
1 Ei
2 EL Krabben

ohne Schale in Würfel schneiden.
frisch abschneiden und abbrausen,
gehackt
hartgekocht und gehackt,
frisch oder gefriergetrocknet,letztere kalt abbrausen und abtropfen lassen. Alle Zutaten vermischen und mit

Salatsauce Nr.2 S.172

anmachen.

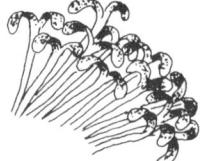

Kronfleisch

für 1 Person:

3/4 l Brühe *
1 Rindskron

zum Kochen aufsetzen,
gewaschen in die kochende Brühe
einlegen, bei nicht zu großer Hitze das Kron je nach Alter **20–30 Min.**
köcheln lassen. Das Fleisch sollte
innen noch leicht rosa sein. Auf
einen Holzteller legen, mit Meerrettich,Gewürzgurken, Tomaten und
Bauernbrot auftragen.Bei größerem
Hunger gibt es Bratkartoffeln dazu.

Kürbis-Risotto

von
Tomasina aus Terzorio

für 1 Person:

250 g Kürbis

nach dem entfernen von Schale und
Kernen, grob raffeln. In

1 EL Öl u.1 TL Butter
1 kl. Schalotte
1 TL Rosmarin und Salbei

sehr feingehackt, darin anlaufen
lassen, die Kürbisraspel zugeben,
zugedeckt kurz dünsten.

50 g Rundkornreis
2 Tassen Brühe* S.50

gewaschen zufügen, nach und nach
bereits gut abgeschmeckt, in Por-
tionen angießen, bis der Reis gar
und körnig ist. Garzeit ca.**20 Min.**

1 TL Butter und
3 El Parmesankäse

gerieben, unterrühren. Gleich zu
Tisch geben.VARIATION: diesen
Risotto auch einmal mit Möhren
an Stelle von Kürbis bereiten.

Lamm

Das Fleisch vom einem Jungtier von 4-6 Monaten ist dem älteren
Hammelfleisch vorzuziehen, da es nicht so fett und wesentlich
zarter ist. Fett wird am besten säuberlich entfernt. Vorzugsweise
legt man Lammfleisch vor Gebrauch in eine Marinade. Lamm sollte
nie zu lange garen, innen sollte es noch zartrosa sein. Auf
vorgewärmtem Geschirr auftragen. Lammfleisch nicht aufwärmen, es
würde seinen feinen Geschmack verlieren. Ebenso kein fertiges
Lammgericht einfrieren.

Lammeintopf

für 2 Personen:

Eine Marinade bereiten aus:

2 EL Öl
1 TL Sojasauce
1 Knoblauchzehe · gepresst und
Pfeffer · frisch aus der Mühle und
1/2 TL Curry. · Diese Zutaten gut vermischen und
300-400 g Lammschlegel · Fleisch einlegen, am besten 1-2 Tage.
Wenn es aber eilt, genügt auch 1/2 Std.
1/2 jungen Wirsingkopf · waschen, in ca 4 cm Quadrate schneiden.
Die Marinade in einer Stielpfanne mit
1 EL Butter u. 1 TL Öl · erhitzen, die Fleischwürfel hineingeben
und rasch anbraten. Den Wirsing zu-
fügen und in **4-6 Min.** mit dem Lamm
fertig garen. Das Fleisch muß zart sein
und der Wirsing darf seine schöne, grüne
Farbe nicht verlieren. Zum Schluß noch
frischen Thymian · anstreuen. Für großen Hunger gibt es
noch Kartoffeln dazu. VARIATION:
statt Wirsing kann man vorgegarte
grüne Bohnen * unter das Fleisch heben.

Lamm in Sherry

für 1 Person:

1 dicke Scheibe vom Lammschlegel,180 g	in 2 cm breite Streifen schneiden.
1 EL Sojasauce,	
1 EL Zitronensaft	
1 TL Honig	und
je 1/2 TL Dajong u. Curry	vermischen, das Fleisch in der Würze wenden.Kaltstellen.Inzwischen Beilage vorbereiten, denn die weitere Zubereitung des Fleisches dauert nur ein paar Minuten: Reis* S.161, Gemüse aus der Pfanne oder Couscouss S.54 paßt gut dazu. In einer Stielpfanne
2 EL ÖL	erhitzen, das Fleisch hineingeben und nur kurz unter Wenden anbraten.
* 3 Frühlingszwiebeln	mit dem Grün **oder**
* 2 dünne Lauchstangen	in 3 cm Streifen schneiden, zufügen und zwei Minuten zusammen garen.
1 TL Butter	beigeben und mit
2 EL Sherry	abschmecken.Gesamtgarzeit **4 Min.**

Lammkotelett

für 1 Person:

3-4 Lammkoteletts	in einer Mischung aus
2 EL Öl, Pfeffer, Streuwürze und Kräuter der Provence	marinieren. Inzwischen Beilagen wie oben vorbereiten. In einer Stielpfanne die Marinade mit
1 EL Butter	erhitzen, das Fleisch hineinlegen, von jeder Seite 2 Min. braten. Auf vorgewärmtem Geschirr mit
Kräuterbutter* S.110	belegt, zu den Beilagen geben. Besonders gut mit grünen Bohnen *S.45 Gesamtgarzeit **4 Min.**

Lauch

ist sehr vielseitig verwendbar, besser zu lagern als z.B. Spinat oder auch grüner Salat. Er passt zu Fisch und Fleisch gleich gut, schmeckt in der Suppe und auch als Salat vorzüglich.

Lauch in der Folie

eignet sich auch zum Grillen im Freien

für 1 Person:

4 junge Lauchstangen

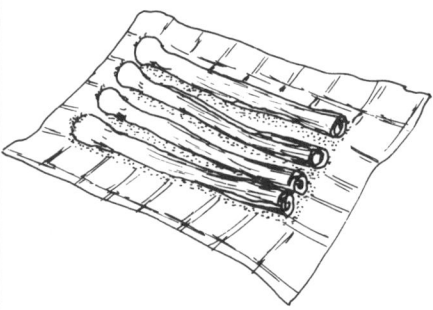

wenn nötig,von den Außenblättern befreien.Jede Stange in ca 10 cm lange Stücke schneiden,in warmes Salzwasser legen.Inzwischen Alufolie mit Glanzseite nach oben ausbreiten,die Lauchstangen mit dem anhaftendem Wasser darauflegen und gut verschließen. Entweder auf den Grill legen oder in eine vorgeheizte Pfanne geben, unter gelegentlichem Wenden bei kleiner Hitze **10 Min.** garen.Beim Grillen die eventuell zu dunklen Blätter einfach abziehen. Dazu gibt es eine spanische Ajoceite * S.24

Lauch in der Pfanne

für 1 Person:

1 dicke Lauchstange oder
2 dünnere

geputzt, in 1/2 cm Rädchen schneiden, in warmem Salzwasser gut durchwaschen, mit dem noch anhaftendem Wasser in eine Stielpfanne geben, unter Wenden schnell garen. Mit

Streu oder Flüssigwürze
1 Stück Butter

abschmecken und zuletzt untermischen.Garzeit **3–5 Min.** Ein schnelles Gemüse,das zu jedem Fleisch passt und auch zu Reis,* Kartoffeln und Couscous* schmeckt.

Lauch-Salat

für 1 Person:

3 Lauchstangen — von zu dunklen Blättern befreien. In 10 cm Stücke schneiden und halbieren. In Salzwasser gut waschen. Über Dampf oder in wenig Salzwasser **8 Min.** leise köcheln lassen. Abgetropft in eine tiefere Platte legen, mit

Salatsauce Nr.1* S. 170 — reichlich begießen und gut durchziehen lassen. Mit gehackter

Petersilie — bestreuen. VARIATION: Lauch in Rädchen schneiden, mit gehackten Nüssen vermischen und Salatsauce Nr. 2* übergießen.

Lauchsüppchen chinesisch

für 2 Personen:

Fleischbällchen * S.56
1 mittlere Lauchstange — vorbereiten, Teig s.Deutsches Beefsteak putzen wie oben, in Rädchen schneiden, nach dem Waschen abtropfen lassen.

30 g Glasnudeln — kalt einweichen, dann mit Schere durchschneiden, wenn mit Stäbchen gegessen wird, lang lassen.

1/2 - 3/8 l Brühe * S.50 — zum Kochen bringen, Lauchrädchen und Fleischbällchen einlegen **5 Min.** leicht köcheln lassen. Die Glasnudeln zugeben und kurz mitgaren lassen. Nichts darf zu weich werden! Mit

Sambal Oelek,Sojasauce und Dajong — abschmecken. Dieses Süppchen ist schnell bereitet und sehr gut. Denken Sie daran, wenn Sie Tatar übrig haben.

Andere Lauchgerichte:
Kalbsschnitzel mit Lauch* S.102
Schinkenröllchen mit Lauch * S.183

L

Lendenschnitte

für 1 Person:

1 Scheibe Ochsenlende von 200 g	gut abgehangen, mit der Hand leicht klopfen, den Fettrand einschneiden, damit das Fleisch in der Pfanne flach liegen kann. Am besten erst in eine Marinade legen und kaltstellen. Dazu:
2 EL Öl	
2 Knoblauchzehen	grobgehackt,
1/2 TL Steakpfeffer	und
1 EL Cognac oder Whisky	vermischen. Vor dem Braten des Fleisches die Beilagen vorbereiten. Salat, Gemüse, Reis oder Bratkartoffeln.In einer unbeschichteten Stielpfanne
1 EL Butter	erhitzen, das Fleisch bei guter Hitze 3 Min. von jeder Seite braten. Dann erst nach Belieben mit
wenig Salz	würzen. Mit der Marinade,
Brühe* oder Tee	den Bratenfond lösen, das Fleisch **zuvor** aus der Pfanne nehmen und mit
1 Stück Kräuterbutter*	belegen, mit den Beilagen und der Sauce zu Tisch geben. Garzeit **6–7 Min.**

Linsensuppe mit Spätzle für 2 Personen Suppe
für 1 Person Hauptgericht

1 Tasse Mehl,	
1 Ei, 1/2 TL Salz	mit
knapp 1/2 Tasse Wasser	zu zähem Teig abschlagen. In einem feuerfestem Topf
Salzwasser mit 1 TL Öl	zum Kochen bringen,den Teig auf ein nasses Brettchen streichen, mit Messer kleine Spätzle hineinschneiden, 1 mal aufwallen lassen,dann auf ein Sieb schütten. Topf heiß ausspülen, den Inhalt von
1 kl. Dose Linsen 200g	einfüllen, die Spätzle beigeben mit
1 El Essig	abschmecken. Sehr heiß servieren!

Foto:
        Schweinsgeschnetzeltes
            ungarisch *

Schweinesteak
mit Wirsing aus   Kalbsschnitzel
der Pfanne *   mit Lauch *

Mais als Beilage

würde von frischem Mais zu zeitaufwendig sein. Wenn es einmal
schnell gehen soll, dann

für 2 Personen:

1 kl. Dose Mais naturell	abtropfen lassen,
2 EL Butter	in ein feuerfestes Töpfchen geben, in dem das Gemüse dann gleich aufgetragen werden kann.
2 Frühlingszwiebeln oder 2 junge Lauchstangen	in Ringe geschnitten und gewaschen, in der Butter zugedeckt 2 Min. dünsten. Den Mais zugeben und mit
Paprika, Pfeffer und Streuwürze	abschmecken. Garzeit **5–6 Min.**

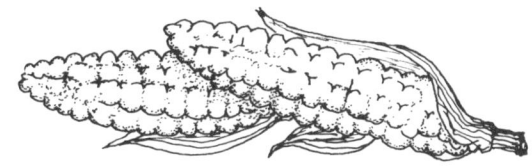

Maiskolben gekocht

für 1 Person:

2-3 junge Maiskolben	von den äußeren Blättern bis auf das innerste, befreien. Dieses wird mitgekocht.Wasser ohne Salzzugabe
Wasser ohne Salz	zum Kochen aufstellen, (Salzzugabe würde die Garzeit verlängern!) den Mais einlegen und ca **10 Min.**kochen lassen, Hüllblätter entfernen. In einer Stielpfanne
2 EL Butter, 1/2 TL Salz	und nach Belieben
1 EL Rohzucker	erhitzen, die abgetropften Kolben in der Mischung wenden. Fertig! Man kann die Maiskolben auch nach dem Kochen mit kalter oder heißer Butter bestreichen und dann leicht salzen. Mit Maissticker essen.

M

Mais mit Pfifferlingen

für 1 Person:

1 EL Butter	in einem feuerfesten Pfännchen aufschäumen lassen,
1 kleine Zwiebel	gehackt, darin anlaufen lassen,
*100 g Pfifferlinge	geputzt, möglichst trocken zufügen. **3 Min.**rösten.
1 Portionsdose Mais 180 g	abgetropft, zufügen, gut heiß werden lassen. Mit
Petersilie	gehackt,
Pfeffer	aus der Mühle und
wenig Salz	würzen. Mit einem guten Brot essen.

Mais-Salat

für 2 Personen:

1 kleine Dose Mais 250 g Nettoeinwaage	ohne Flüssigkeit in eine Schüssel geben.
4 EL süße Sahne 1/2 TL Curry 1/2 TL Sojasauce 1 EL Weinessig 1 EL ÖL	vermischen und über die Maiskörner geben.Nach Belieben kann man
1/2 Apfel Curry	geraffelt am Schluß zufügen. Mit bestäubt, zu Tisch geben.

Makkaroni-Auflauf

für 2 Personen:

250 g Makkaroni	in reichlich
Salzwasser mit 1 EL Öl	in ca **10 Min.** nicht zu weich kochen. Abtropfen lassen.
150 g Schinken gekocht,	fein hacken. Eine feuerfeste Form von ca 24 cm ø mit
3 EL Butter oder Öl	ausfetten, die Hälfte der Makkaroni einfüllen, den Schinken darauf verteilen,
100 g Reibekäse	darüberstreuen, mit den restlichen Makkaroni abdecken.
2 Eier	mit
1 Tasse sauren Rahm	verschlagen, über die Nudeln geben, mit Gabel einstechen, damit die Mischung eindringen kann.
2 Fleischtomaten	schälen, Stielansatz entfernen, in Scheiben schneiden, auf die Nudeln legen, mit
gehacktem Basilikum	und
4 EL Semmelbrösel	bestreuen und
2 EL Öl	darüber sprenkeln. Im vorgeheizten Backrohr auf der mittleren Schiene bei 230° **25 Min.** backen. Frischen Salat dazu.

Makkaroni mit Schinken

für 1 Person:

100-125 g Makkaroni	wie oben kochen, abtropfen lassen, in einer Stielpfanne
2 EL Butter	aufschäumen lassen, Makkaroni hineingeben,
1 Scheibe gekochten Schinken	kleingeschnitten, zufügen,
50 g Reibekäse	untermischen, alles gut erhitzen. Fertig! Salat vorher oder dazu geben.

Garzeit **15 Min.**

Makkaroni mit Topfen

für 1 Person:

125 g Makkaroni	in reichlich
Salzwasser u. 1 EL Öl	ca **8-10 Min.** nicht zu weich kochen, gut abtropfen lassen, in eine vorgewärmte Schüssel geben.
80 g trockenen Topfen	darüber verkrümeln,
3 EL Butter	in einem Pfännchen bräunen, darübergießen.
4 El Lebkuchenbrösel	anstreuen. Kompott dazureichen.

Makkaroni-Salat

für 1 Person :

125 g Makkaroni	in ca 5 cm lange Stücke brechen,
1 Scheibe Schinken oder	
1 Scheibe Lachs	in feine Streifchen schneiden,
1 eingelegte Peperoni	kleinschneiden,
4 gefüllte Oliven	in Scheiben,
1 Gewürzgurke	würfelig und
50 g jungen Gouda	in Stifte geschnitten, zufügen. Mit
Salatsauce Nr.1*S.170	vermischen und mit
Schnittlauchröllchen	bestreuen.

Malteser-Sauce

für 2 Personen:

2 Eigelb	mit
3 EL Orangensaft	im Wasserbad schaumig schlagen bis die Masse dicklich ist, dann
80 g weiche Butter	unterschlagen, mit
weißem Pfeffer	
1 Msp Salz	
1 Msp Zucker	abschmecken und die Schale von
1/2 Naturorange	feinstnudelig aufgeschnitten oder gerieben untermischen. Sollte die Sauce dünner gewünscht werden, mit Orangensaft verrühren.

Melonen-Gurken-Cocktail

für 2 Personen:

für heiße Tage

1/2 Cantaloupe - Melone
von ca 500 g   schälen, von den
Kernen befreien,
in runde Bällchen
ausstechen oder würfeln.

1/2 Salatgurke   schälen, ohne Kerne in 2 cm Würfel
schneiden. Zur Cocktail - Sauce

1 Tasse Joghurt
1 EL Mayonnaise
2 EL Tomatencetchup
1 TL franz. Senf
1 TL gehackten Dill
1 Msp Paprika   vermischen, Melonenbällchen und Gur-
kenwürfel zufügen, in große Gläser
oder in die andere Melonenhälfte füllen und sehr gut kühlen.
Ein herrliches Sommergericht!

*ital. Rezept
von Tomasina aus
Terzorio*

M

Melonensuppe kalt

für 2 Personen:

1 kleine reife Melone
Ogen oder Netzmelone   halbieren, Kerne mit Löffel entfernen.
Fruchtfleisch in groben Würfeln im
Mixer oder mit Mixstab pürieren, den
Saft von

1/2 Zitrone   zufügen und das Mus sehr kühlstellen.
Vor dem Auftragen

1 Glas Portwein   angießen, in Schalen füllen,
1/2 Tasse süße Sahne   steifschlagen, in kleinen Häufchen
auf die Suppe setzen, leicht mit
Curry   bestäuben und einige
rosa Pfefferperlen   anstreuen.

Mischgemüse

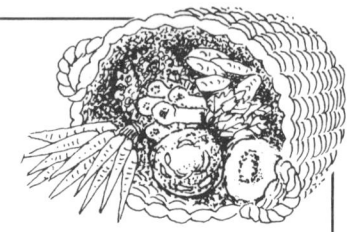

für 2 Personen:

1 Lauchstange	in 2 cm breite Rädchen schneiden,
1 Kohlrabi	schälen, stifteln oder grob raffeln,
1 gelbe Rübe	ebenso vorbereiten,
1 Fenchelknolle	von den Äußenblättern und harten Stielen befreien dann in Streifen schneiden. In einer weiten Stielpfanne von ca 28 cm ∅ bodenbedeckt Wasser einfüllen, aufkochen lassen, das Gemüse hineingeben, nur kurz zudecken und dann
250 g jungen Spinat	gewaschen und abgetropft, zufügen, nur kurz mitgaren, mit
Streuwürze oder Sojasauce	abschmecken. Zum Schluß
1 EL Butter	unterrühren und gehackte
Petersilie	anstreuen. Gesamtgarzeit **6 Min.**

Mokka-Melonen-Dessert

für 2 Personen:

1/8 Wassermelone ca 200 g	von den schwarzen Samen befreien, das Fruchtfleisch in Kugeln ausstechen oder in kleine Würfel schneiden, mit dem Saft von
1 Zitrone	beträufeln und vermischen.
2 Tässchen kalten Mokka	mit
2 EL Zucker	verrühren bis der Zucker gelöst ist. Die Mischung zur Melone geben und sehr kaltstellen. Vor Gebrauch
3 EL Cognac	darübergießen. In Gläsern auftragen.

Mürbteig- Obstkuchen

140 g Butter
100 g Zucker
1 Msp Salz 1 Msp Zimt
1 Eigelb
250 g Mehl

mit dem Knethaken zusammenarbeiten. gesiebt unterkneten. Teig in 2-3 Kugeln teilen und mindestens 1 Std. kaltstellen. Teig ausrollen, mit Springform die gewünschte Größe ausstechen. Den Boden der Form damit belegen. Nach Belieben eine Teigschnur drehen und auf den mit Eiweiß bestrichenen Kuchenrand drücken. Mit Messerrücken einkerben. Den Boden öfter mit einer Gabel einstechen, damit die Luft entweichen kann und keine Blasen entstehen können. Im vorgeheizten Herd bei 180° auf der zweiten Schiene von oben goldgelb ca **15-20 Min.** backen.Mit Früchten belegen.

Mürbteig

M

kann man auch im Minihaushalt selber backen. Dieses Rezept von Herrn Konditormeister Gall in München zeigt Ihnen wie einfach dies ist. Es empfiehlt sich diese Masse herzustellen, da dieser Teig in Alufolie oder in einer Frischhaltedose im Kühlschrank hält. Bereits gebackene Böden kann man außerdem einfrieren oder in Frischhaltefolie verpackt, trocken aufbewahren.

Mürbteig-Plätzchen

können aus demselben Teig gebacken werden. Teig 3 mm dick ausrollen, ausstechen, falls dies zu viel Mühe macht, mit Teigrädchen Streifen oder Qudrate ausrädeln. **10 Min.** bei 180° backen. Wenn es an Weihnachten gut nach Plätzchen riechen sollte, fügen Sie dem Teig 1/2 TL Zimt und 1 Msp Nelken bei oder wälzen Sie die Plätzchen nach dem Backen noch heiß in Zimtzucker.

Müsli zum Frühstück

kann immer neu gestaltet werden. In der Zusammensetzung sind der Phantasie keine Grenzen gesetzt. Das unten angegebene Quantum ist jeweils für 1 Person berechnet.

Müsli Nr. 1

2 EL Haferflocken
1 TL Leinsamen
1 TL Weizenkeime
1 TL Sultaninen
1 TL geriebene Mandeln
oder 3 ganze Mandeln
1/2 Banane zerdrückt
1/2 Apfel gerieben

vermischen und in schönen Schälchen auf den Frühstückstisch stellen.

VARIATION: je nach Jahreszeit die Früchte austauschen und frische Heidel-Erd- oder Himbeeren untermischen.

Müsli Nr. 2

gut für Senioren geeignet

wie oben vorbereiten, die Haferflocken jedoch 1/2 Std. vor Gebrauch mit 1/2 Tasse Milch, Sahne oder Joghurt einweichen.

Müsli Nr. 3

essen junge Leute gern

2 EL Butter

in einer Pfanne aufschäumen lassen,

1 TL Rohzucker oder Honig
4 EL Haferflocken
Mandeln oder Nüsse

hineingeben,
einstreuen,
nach Belieben gerieben, mitrösten. Pfanne vom Feuer nehmen.

1 TL Weizenkeime
1 TL Leinsamen
1 TL Sultaninen

zum Schluß untermischen. Nach Belieben Milch oder Joghurt separat dazureichen. VARIATION: statt 4 EL Haferflocken,2 EL Haferflocken,1 EL Hirseflocken und 1 EL Cornflakes verwenden.

Foto:

Rum - Creme *

             Schoko - Creme *

      Fruchtsalat *

Müsli in Melone

von Tomasina aus Terzorio

für 2 Personen:

1 kl. Honig- oder Ogenmelone   halbieren, Samenkerne entfernen. Den unteren Teil der Hälften etwas abflachen, damit sie stehen bleiben. Müsli aus

Haferflocken, Weizenkleie, Nüssen, Trockenobst, getrockneten Kürbiskernen, geriebenen Äpfeln und Honig

herstellen, in die Melonenhälften einfüllen und so auslöffeln, daß man mit dem Müsli immer ein Stück Melone mitbekommt. Zum Nachfüllen sollte man noch ein Schüsselchen mit Müsli auf den Tisch stellen. Die Melone kann man auch mit jedem anderen Müsli * füllen.

M

Müsli mit Sprossen

für 1 Person:

1 El Haferflocken
1 EL Dinkelflocken
1 EL Weizenkeime
1 TL Leinsamen   trocken vermischen. Dann
1 Apfel   waschen, abreiben und mit der Schale raspeln, unter die Flocken heben. Mit

1 EL Sonnenblumenkernen
     (gekeimt)   und wenn Sie gerade greifbar haben,
1 EL Alfalfasprossen   locker darunter mischen.

Nudeln

siehe auch
Bandnudeln *
Grüne Nudeln *
Makkaroni *
Spaghetti *   und Teigwaren allgemein.

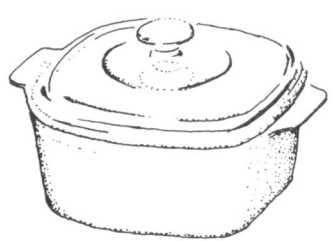

Nudeleintopf mit Rindfleisch

für 1 Person:

ca 80 g Suppennudeln Salzwasser mit 1 TL Öl	in reichlich **5–6 Min.** nicht zu weich kochen und abtropfen lassen.
3 Tassen Fleischbrühe * v. Rindfleisch gekocht * S.162	absieben und aufkochen, die Nudeln und vom bereits abgekochtem
Rindfleisch 125 g	in Würfel geschnitten, zufügen. Abschmecken und gehackte
Petersilie Schnittlauchröllchen	und anstreuen.

NO

Nudelsuppe mit Huhn

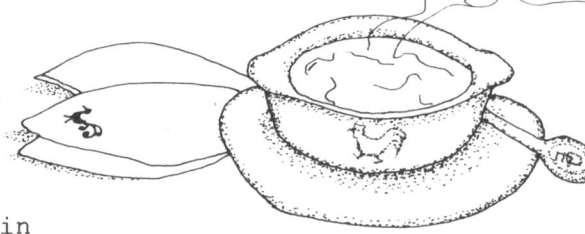

für 1 Person:

ca 80 g Suppennudeln Salzwasser mit 1 TL Öl	in **5–6 Min.** nicht zu weich kochen, ab- tropfen lassen,
3 Tassen Hühnersuppe * S.93 1/2 TL Curry 125 g Hühnerfleisch * von Hühnersuppe * S.93	erhitzen mit zusätzlich abschmecken. in Würfel oder Streifen schneiden, mit den Nudeln in die Suppe geben. Wenn die Suppe schön heiß ist,
Schnittlauchröllchen	anstreuen und auftragen.

Obstkuchen

zu backen ist keine Hexerei und auch in der Miniküche ohne großen Aufwand möglich. Wenn Sie Besuch erwarten, können Sie mit etwas Selbstgebackenem aufwarten und Sie werden gelobt werden. Dieser Obstkuchen nach einem alten, bewährten Rezept läßt sich zudem gut einfrieren und ist dann bei Bedarf schnell aufgetaut.

ca 3 EL Butter
Semmel-oder Zwiebackbröseln

Eine Springform von 26 cm ⌀ mit gut einfetten, dick mit ausstreuen.Beliebiges Obst vorbereiten.**ÄPFEL** schälen vierteln, einschneiden. **APRIKOSEN** entkernen,halbieren,**PFIRSICHE** schälen, halbieren, **KIRSCHEN** waschen,nicht entsteinen, **ZWETSCHGEN** entkernen, einschneiden.Wenn keine frischen Früchte zu Verfügung stehen, können Dosenfrüchte verwendet werden.Diese gut abtropfen lassen.

120 g zimmerwarme Butter
180 g Zucker, 1 Msp Salz
3 Eiern a 60g

Zum Teig:
glattrühren,
im Wechsel mit
einrühren, am besten mit Elektroquirl bis die Masse hellschaumig und locker ist.Die Schale von

1/2 Naturzitrone
1 EL Rum
120 g Mehl

gerieben,
und
gesiebt,einrühren und in die Form füllen.Früchte auf den Teig legen.

3 EL Mandelstifte

darüberstreuen,im vorgeheizten Herd auf der 2. Rille von unten bei 230° in **20–25 Min.**backen. Ring lösen,Kuchengitter auflegen, stürzen, nach dem Auskühlen auf eine Tortenplatte stürzen. Mit

Puderzucker

bestäuben.

Omelette Nr. 1

für 2 Personen:

3 Eier	mit
Salz und Pfeffer	und
1 EL Sojasauce	verrühren,
1 kl. Zwiebel	gehackt, in
1 TL Butter	glasig anlaufen lassen,
* 100 g Champignons	putzen, blättrig schneiden, zufügen und mit
100 g frischen Sojasprossen	kurz dünsten. Inzwischen
150 g gekochten Schinken	kleinwürfelig oder in Streifchen schneiden. Die Eier mit allen Zutaten vermischen. Wenn Sie 2 Pfannen besitzen, geben Sie in jede
1 EL Butter	und backen sie die Omelettes vorsichtig bei mäßiger Hitze. Das Omelette muß oben noch leicht feucht sein.

Omelette Nr. 2

für 1 Person:

3 Eier	verklöppeln,
50 g Champignons	putzen, in Scheibchen schneiden, wenn es sehr eilt, aus der Dose bereits geschnitten, verwenden, dann aber abtropfen lassen.
1 Fleischtomate	vom Stielansatz befreien, schälen, in Scheiben schneiden und diese halbieren.
2 EL Butter	in einer Stielpfanne von ca 26 cm ⌀ erhitzen, alle Zutaten hineingeben, auf kleiner Hitze stocken lassen,
4 EL Reibekäse	darüberstreuen. Zudecken bis der Käse geschmolzen ist. Mit gehackter
Petersilie	bestreuen.

Omelette spezial

von Mariele Klinger Nabby

für 1 Person:

2 Eigelb 1 Msp Salz	und
1/2 TL Mehl	verrühren,
2 Eiweiß sehr kalt	mit
1/2 TL Zitronensaft	steifschlagen, die Eigelbmasse **in** den Eischnee einrühren, nicht umgekehrt. In einer Stielpfanne von 26 cm ⌀
3 EL Butter	erhitzen, Pfanne von der Kochstelle nehmen, Omelettemasse einfüllen, bei sanfter Hitze stocken lassen, bis die Unterseite goldgelb ist. Kurz zudekken. Oben darf es noch ein bißchen feucht sein. Zusammengeklappt auf einen warmen Teller gleiten lassen. Sehr fein: Nach dem Einfüllen des Teiges 3 EL Himbeeren darüber verteilen. Zudecken und backen wie oben.

Orangenalkohol

ersetzt Ihnen eine kleine Likörbar, wenn es darum geht, ein Dessert ein wenig zu beschwipsen, beim Flambieren einen aromatischen Alkohol zu haben, der auch wirklich " flammt " oder einer Sauce noch den letzten Pfiff zu geben ohne sie zu verdünnen.

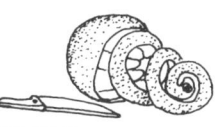

	Zunächst ein gut verschließbares, nicht zu enghalsiges Glas gründlich reinigen und austrocknen lassen.
4 Naturorangen	warm waschen, abtrocknen, hauchdünn schälen, damit keine weiße Innenhaut mehr anhängt. Die Schalen in das Glas geben, mit
1/2 l 70° igem Alkohol	auffüllen. Das Gefäß fest verschlossen aufbewahren. Am besten erst nach mindestens 3 Wochen absieben und davon entnehmen.

Pankies

abgeleitet von pan Brot, bringen eine bunte Abwechslung in die
Miniküche. Mit Rohkost dazu oder vorweg, sind Pankies ein Gericht
für den kleinen und großen Appetit, für alle Altersstufen gleich
gut geeignet und kinderleicht herzustellen.

Grundrezept

für 1 Person:

1 Scheibe Knusperbrot   oder
  Vollkornknusperbrot

schnell gemacht

oder, aber nur ersatzweise

1 Scheibe dünnes
      Knäckebrot

in ca 2 cm Quadrate schneiden oder
brechen, in ein Schüsselchen geben,
darüberschlagen und die jeweilige Zutat
untermischen. In einer Stielpfanne

1 frisches Ei

1 EL Butter

aufschäumen lassen, 2 Küchlein einlegen, mit Löffel in Form bringen, bei
Mittelhitze goldgelb backen. Mit Backschaufel nicht zu früh wenden.
Garzeit **3–4 Min.** je nach Inhalt.

PQ

Pankies mit Champignons

für 1 Person:

1 Grundrezept	mit
1 TL Petersilie	gehackt, würzen,
2 EL Champignons	in Scheibchen geschnitten unter die Eimasse geben. Backen wie angegeben.

Pankies mit Erbsen

für 1 Person:

1 Grundrezept	mit
1 TL Dill	feingehackt, würzen,
* 4 EL junge Erbsen	kurz blanchiert und abgetropft unter die Eimasse geben. Backen wie angegeben.

Pankies mit Fenchel

für 1 Person:

1 Grundrezept	mit
1 Msp Curry	und feingehacktem
Fenchelgrün	würzen,
* 2 EL Fenchel	in feine Streifen geschnitten und nur kurz blanchiert unter die Eimasse geben, backen wie angegeben.

PQ

Pankies mit Gouda

für 1 Person:

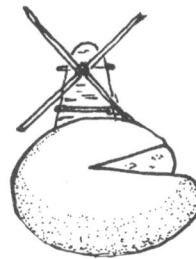

1 Grundrezept	mit
30 g Gouda	in Würfelchen geschnitten, vermischen. backen wie angegeben. Sehr gut! Benötigt keine weitere Gewürzzugabe.

Frische Kresse anstreuen.

Pankies mit Kräutern

für 1 Person :

1 Grundrezept   mit
1 EL Kräuter oder
1 EL Kresse   leicht durchgehackt oder
1 EL Alfalfasprossen   im ganzen vermischen. Backen wie
angegeben.

Pankies mit Krabben

für 1 Person:

1 Grundrezept   mit
1 TL Dill   würzen,
3 EL gefriergetrocknete
     oder frische Krabben kurz kalt abbrausen, abgetropft unter
      die Eimasse mischen, nach Belieben
1/4 gelbe Rübe   gerieben mit untermischen. Sehr fein!

Pankies mit Lachs

für 1 Person:

1 Grundrezept
1 kleine Scheibe Lachs oder
2 EL Lachsschnitzel   untermischen, mit
1/2 TL Dill   gehackt würzen. Eimasse backen wie
angegeben.

Pankies mit Mais

für 1 Person:

1 Grundrezept
3 EL Maiskörner (Dose)   unter die Eimasse mischen und mit
1 Msp Curry und Dill   würzen. Backen wie angegeben.

PQ

Pankies mit Möhren

für 1 Person:

1 Grundrezept	mit
Sesam oder Koriander	würzen,
1 Möhre	dünn schälen, fein raffeln, ggf. Saft ablaufen lassen, unter die Eimasse geben. Backen wie angegeben.

Pankies mit Tomaten u. Käse

für 1 Person:

1 Grundrezept	
1 Scheibe Schinken gekocht	in kleine Würfelchen geschnitten,
30 g Emmentaler	und
1 kl. Tomate	ebenfalls gewürfelt unter die Eimasse geben. Backen wie angegeben.

Pankies mit Spargel

Wenn gerade Spargel gekocht wurde.

für 1 Person:

1 Grundrezept	mit
1 TL Petersilie	gehackt,
1 Scheibe Schinken	in feine Streifchen geschnitten,
3 EL Spargelstückchen	gekocht und abgetropft mit der Eimasse vermischen und backen wie angegeben.

Pankies mit Spinat

für 1 Person:

1 Grundrezept	mit
wenig Muskat	würzen,
* 1 handvoll Spinat	gekocht, grob gehackt untermischen. Backen wie angegeben.

Paprika-Schnitzel

kann aus Kalb- oder Schweine-
fleisch hergestellt werden.
Beilagen erst vorbereiten.

für 1 Person:

1 Schnitzel ca 150 g
Paprika und Pfeffer

mit der Hand leicht klopfen, mit
würzen, leicht mehlieren. Kaltstellen.
In einer Stielpfanne in

1 EL Öl und 1TL Butter

anbraten, dann an den Pfannenrand
schieben. Das Schnitzel nicht zu
scharf anbraten von jeder Seite **3 Min.**
Schnitzel aus der Pfanne nehmen und
warmstellen. Mit wenig heißer

Brühe * oder Tee
1/2 Tasse süße Sahne
Rosenpaprika, Salz
Zitronensaft

den Bratenfond lösen,
einrühren, mit
und einigen Spritzern
würzen. Die Sauce zum Schnitzel geben.
Beilage: Spätzle * Bandnudeln * oder
Reis *.

Paprika-Tomaten-Gemüse

von Oma Forster

für 1 Person:

3 grüne Paprikaschoten

waschen, von Samen und Trennwänden
befreien, in Quadrate schneiden,

1 Fleischtomate

schälen, Stielansatz herausschneiden,
grob würfeln,

2 Kartoffeln

schälen, ebenfalls würfeln. In einen
kleinen Topf

1 EL Butter
1 kleine Zwiebel

geben,
darin glasig anlaufen lassen, das
Gemüse zufügen, umrühren und zugedeckt
10 Min. dünsten. Mit

wenig Salz, Pfeffer
und Pflanzenwürze

abschmecken.

Pariser Schnitzel

für 1 Person :

1 dünneres Kalbschnitzel

Salz und Pfeffer

2 EL Mehl

1 Ei

1 EL Butter und 1 EL Öl

1 Zitronenscheibe

Beilagen vorbereiten.
leicht mit der
der Hand klopfen,
mit
frisch aus der Mühle
bestreuen. In einen Teller
einstreuen, das Schnitzel
darin wenden, Mehl fest andrücken.
in dem Mehlrest gut verschlagen,
das Fleisch durchziehen.
in einer Pfanne erhitzen, das
Schnitzel einlegen und von beiden
Seiten goldgelb backen.Achtung :
bei mehreren Schnitzeln muß die
Fettmenge dementsprechend erhöht
werden! Garzeit **8–10 Min.** Mit
belegt zu Tisch geben.
Beilagen: Gemüse aus der Pfanne,
Preiselbeeren nicht vergessen.

Parmesan-Kartoffeln

für 1 Person:

ca 200 g Pellkartoffeln *

2 Fleischtomaten
1 EL Butter und 1 EL Öl

wenig Salz

Oregano
60 g Parmesan

kochen oder vom Vortag, schälen
und in ca 3 mm Scheiben schneiden.
schälen in 5 mm Scheiben aufteilen.
in einer Stielpfanne erhitzen, die
Kartoffeln einfüllen, leicht mit
bestreuen, anbraten und wenden, die
Tomaten daraufgeben, mit
bestreuen,
gerieben,darüber verteilen, Pfanne
zudecken, bei gelinder Hitze den Käse schmelzen lassen.Garzeit **10 Min.**

Pellkartoffeln

haben, wie bereits erwähnt einen höheren Vitaminanteil als geschälte Kartoffeln. Sie bereiten weniger Arbeit, da sie sich gekocht leichter pellen lassen. Im Kühlschrank halten sie 2 Tage
und so kocht man am besten gleich mehr und hat schon eine Grund-
lage für andere Gerichte, für Bratkartoffeln* Rösti* usw.

500 g Kartoffeln

waschen, in einen Kartoffeldämpfer
geben, wenn ein solcher nicht vorhanden, die Kartoffeln auf einem Sieb
ü b e r dem Wasserdampf garen, sonst
laugen sie aus. Die Garzeit beträgt
in einem Normaltopf ca **45 – 50 Min.**
Im Schnellkochtopf **6 Min.** im Kartof-
felfeuer-Tontopf **50 Min.**

Zu einer *Pellkartoffel-Party* kann jeder einladen, denn die
Vorbereitung ist ohne Arbeitsaufwand. Von einer guten Sorte wie
oben beschrieben, Kartoffeln kochen. Kräuterquark und verschiedene Dippsaucen können vorbereitet werden und das ist alles!

PQ

Petersilienkartöffelchen

für 1 Person:

250 g Pellkartoffeln   schälen, in einem feuerfestem Topf,
     in dem man gleich auftragen kann,

1 EL Butter   zerlaufen lassen,
1 EL Petersile   sehr fein gehackt zugeben, die Kar-
     töffelchen darin schwenken und mit

wenig Salz   bestreuen.
     Eine Beilage, die zu Fleisch, Fisch
     und Gemüse passt.

Pfannkuchen

machen die meisten Leute nach 'Gefühl'. Hier einige Rezepte. Man sagt: Der erste gehört der Pfanne! Der zweite ist erst richtig! Backen sie am besten einen mehr für eine gute Flädle - Suppe.

Teig Nr. 1

zum Einschlagen von Obst, Pilzen, Kalbshirn * oder Spinat * etc.

für 1 Person:

125 g Mehl, 1 Msp Salz	in einen Becher geben,
2 Eier á 60 g	mit
1/8 l Milch	verrühren, hineingeben und mit
1/8 l Sprudelwasser	alles glattrühren.

Teig Nr. 2

vor allem für sehr dünne Pfannkuchen, sogn. Flädle, auch für obige Einlagen. für 1 Pfanne von 26 ∅ am Boden.

für 1 Pfannkuchen

2 Eier á 60g	
2 EL Mehl, 1 Msp Salz	und
ca 5 EL Milch, Wasser,	
Bier oder Sprudelwasser	verrühren. Teig sehr flüssig halten.

Teig Nr. 3

für sehr lockere Pfannkuchen

für 1 Person:

2 Eigelb, 1 Msp Salz	
2 EL Mehl	
5 EL Wasser	langsam verrühren, nicht schlagen,
2 kalte Eiweiß	mit
1/2 TL Zitronensaft	steifschlagen, mit der Eigelbmasse zu leicht flüssiger Beschaffenheit rühren.

Das Ausbacken

ist für alle Teigarten gleich: In einer Stielpfanne 1-2 EL Butter mit Öl gemischt oder Butterfett erhitzen, Pfanne vom Feuer nehmen, Teig einfüllen, durch Kreisen der Pfanne dünn verteilen, bei kleiner Hitze anbacken, sofort wenden, denn ein langes Backen würde die Pfannkuchen trocken machen. Sofort auftragen!

Pfifferlinge geröstet

für 1 Person:

ca 200 g Pfifferlinge — putzen, ggf. mit feuchtem Küchencrepp abreiben, größere Pilze teilen, kleine ganz lassen.

1 EL Butter
1 kl. Zwiebel — in einer Pfanne erhitzen, feingehackt darin anlaufen lassen. Die Pilze zugeben, schnell bei guter Hitze rösten, es sollte sich nicht viel Saft bilden. Garzeit ca **8 Min.** Erst zum Schluß mit

wenig Salz und Pfeffer — aus der Mühle würzen und mit
Petersilie — feingehackt, bestreuen. Dazu schmeckt ein kräftiges Bauerbrot.

Pfifferlinge mit Ei

Pfifferlinge wie oben herstellen. Zum Schluß

1 Ei und 2 EL Rahm — verklöppeln, über die Pfifferlinge geben und stocken lassen.

Pfifferlingspfanne

für 1 Person:

ca 200 g Pfifferlinge — säubern wie oben. Größere Pilze teilen. Kleine ganz lassen.

1 kl. Paprikaschote (grün) — von Samen und Trennwänden befreien, in schmale Streifen schneiden.

1 Scheibe Räucherspeck — in kleine Würfel schneiden, in
1 EL Butter — anbraten,
1 weiße kl. Zwiebel — in halbierte Ringe geschnitten, zufügen, die Pilze und Paprika beigeben, unter Wenden **8 Min.** garen. Erst zum Schluß

wenig Salz u. Pfeffer — frisch aus der Mühle und gehackte
Petersilie — anstreuen.

Pizza

aus Quark-Öl-Teig ist schnell bereitet, kann gut eingefroren werden und sorgt somit für einen kleinen Vorrat. Angegebenes Quantum ist für ein normales Backblech für 3 - 4 Personen .Für Pizza den Teig ohne Zucker herstellen.

Quark-Öl-Teig* S.155
1 Stück Butter

herstellen. Ein Backblech gut mit bestreichen, Teig erst ein wenig ausrollen, dann auf dem Blech in die Ecken ziehen.

6 EL Reibekäse

direkt auf den Teig geben, dann weicht die Pizza nicht durch.

150 g gekochten Schinken

in Quadrate schneiden, darauf verteilen,

4 Fleischtomaten oder Dosentomaten
100 g Champignons
Artischockenherzen natural
Dose 235 g Nettoeinwaage

schälen,in Scheiben schneiden
in Stücke geschnitten auflegen.
in Scheibchen geschnitten und

abgetropft und halbiert sowie den Inhalt von

1 kl. Glas Oliven gefüllt

ebenfalls halbiert,darüber verteilen. Mit

Pfeffer, Oregano
Basilikum
200 g Mozzarella

und am besten frischgehacktem bestreuen.
in Scheiben geschnitten darauflegen. In der vorgeheizten Backröhre auf der mittleren Einschubleiste bei 250° **ca 15 Min.** backen. Wenn sich die Ränder bräunen und der Mozzarella schön verlaufen ist, wird die Pizza sofort aufgetragen, denn am besten schmeckt sie einfach frisch aus dem Backofen.
Wenn etwas übrig bleibt, in Portionsstücken in Folie gut eingeschlagen einfrieren und dann bei geöffneter Folie aufbacken.

PQ

Pizza aus Pide

superschnell gemacht

für 1 - 2 Personen:

1 Türkenbrot Pide
flacher Weißbrotfladen
mit Sesam bestreut

wird waagrecht halbiert und jede Hälfte auf der weichen Seite mit dem Belag von Pizza aus Quark-Öl-Teig S.153 oder mit der doppelten Menge von Pizzolinchen * belegt. Garzeit im Backrohr bei 250° auf der obersten Schiene **5–8 Min.**

Pizzolinchen in der Pfanne

für 1 Person:

1 Tasse Mehl	in einen Becher geben,
1 EL Hefe (1/2 Würfel)	in
1 Tasse lauwarmer Milch	auflösen, gleich in das Mehl ein-rühren,
1 Ei, 1 EL Öl, 1 Msp Salz	unterschlagen, Teig stehen lassen. Inzwischen
1-2 Fleischtomaten	geschält in Scheiben
1 Scheibe Gouda	und
50 g gekochten Schinken	in Würfel schneiden, nach Belieben
5 Sardellenfilets (in Öl)	halbieren. In einer Stielpfanne von 26 cm ⌀
1 EL Butter und 1 EL Öl	erhitzen, die Hälfte des inzwischen etwas aufgegangenen Hefeteiges einfüllen, die vorbereiteten Zutaten daraufverteilen mit
Oregano und Pfeffer	überstreuen, gleich den restlichen Teig darauf geben, kurz abdecken, wenn die Unterseite goldgelb ist, wenden und bei gelinder Hitze fertigbacken. Nach Belieben noch
Reibekäse	darüberstreuen und mit Salat auf-tischen. Garzeit **ca 6 Min.**

PQ

Quark-Auflauf

schmeckt auch kalt gut, deshalb kann dieses Quantum immer gebacken werden.

für 2-3 Personen:

500 g Schichtkäse oder Quark   falls letzterer zu feucht, in einem Tuch auspressen,

3 EL Zucker oder Honig
3 Eigelb
1 Naturzitrone   und die feingeriebene Schale von in die Quarkmasse rühren. Backröhre auf 200° vorheizen.

4 Eiweiß   mit
1 TL Zitronensaft   steifschlagen, locker unter den Quark heben. Eine Auflaufform von ca. 24 cm ⌀ mit

2 EL Butter   gut einfetten, dick mit
5 EL Weizenkeimen   bedecken, die Hälfte der Quarkmasse einfüllen.

300g frische Himbeeren oder Sauerkirschen   entsteint daraufverteilen, mit der übrigen Masse abdecken. Mit

1 Eigelb   bestreichen, mit einer Gabel ein Gitter ziehen. **ca 40 Min.** backen. Lieber länger backen als Hitze erhöhen!

Quark-Ölteig

gut für Zwetschgendatschi weicht nicht so durch

für 1 normales Backblech.

380 g Mehl
180 g trockenen Quark oder
180 g Frischkäse 60% i. Tr.   in einen Becher geben,

zufügen,

80 g Zucker, 1 Msp Salz   darüberstreuen,
6 EL Öl, 5 EL Milch   und
1 EL 54% Rum oder 1 EL Hefe   letztere fein zerbröckelt, zufügen. Alles mit dem Knethaken oder kurz mit der Hand verkneten und sofort verwenden.

QUARK – ÖLTEIG FÜR PIZZA wird ohne Zucker hergestellt.

PQ

Radicchio-Salat (Cichorium intibus)

diese rotvioletten kleinen Salatköpfe halten besser als andere Blattsalate, da sie mit der Wurzel angeboten werden.

für 1 Person:

1 kleinen Radicchio	ggf. von den Außenblättern befreien, Wurzel abschneiden und putzen, in
Salzwasser mit 1 EL Zucker	waschen, (mildert den bitteren Geschmack) - abtropfen lassen, die Blätter in eine Schüssel geben, die Wurzel darüberreiben. Mit
Salatsauce Nr. 2 * S.171	anmachen,
50 g Kresse	frisch geschnitten, abgebraust und ausgeschüttelt darüberstreuen. VARIATION: 1 Möhre geraffelt mit untermischen oder Radicchio mit Eissalat und Mais vermengen.

Radieschen-Salat

für 1 Person:

1-2 Bund Radieschen	vom Grün abschneiden, entweder hobbeln, raffeln oder auch mit dem Mixstab zerkleinern, dies geht sehr schnell und die Konsistenz ist die von gehackten Nüssen.
2 EL süßen Rahm 1 TL Rotweinessig etwas Flüssigwürze Schnittlauchröllchen	zufügen und mit bestreuen.

Rauden s. Rote Bete

Rapunzel s. Feldsalat

Reherl s. Pfifferlinge

R

Rehmedaillons

das feinste Stück vom Reh, das Filet aus dem Rücken.

für 2 Personen:

4-6 Rehmedaillons — am besten marinieren für mindestens einige Stunden oder über Nacht. Dazu:

2 EL Öl
1 EL Cognac
schwarzen Pfeffer — aus der Mühle,
1 Msp Piment — und
5 Wachholderbeeren — zerdrückt, vermischen. Die Steaks darin wenden, aufeinandergelegt und zugedeckt in den Kühlschrank stellen und durchziehen lassen. Vor der Zubereitung erst die Beilagen richten, denn das Fleisch ist sehr schnell fertig. Beilagenvorschläge siehe unten.

2 EL Butterfett oder Öl — In einer Stielpfanne erhitzen und die Medaillons einlegen und bei guter Hitze von jeder Seite 4-5 Minuten braten, fleißig mit Bratfett begießen. Die Medaillons sollten innen noch leicht rosa sein. Tiefgefrorenes Wild sollte durchgebraten werden. Die Steaks dann aus der Pfanne nehmen, warmstellen, den Bratenfond mit

Rotwein
1/2 Tasse Crème fraîche oder dicker Sahne — lösen und mit

abschmecken. Als Beilagen: Spätzle * und für jede Person 1/2 Kompottbirne mit Preiselbeeren gefüllt. Auch Rotkraut schmeckt gut zu Wild, sowie frische Pilze. Garzeit **8-10 Min.**

R

Renke gebraten

für 1 Person:

1 fangfrische Portionsrenke	schuppen, mit Salz abreiben, vor allem innen gut waschen, mit dem Saft v.
1 Zitrone	außen und innen beträufeln und durchziehen lassen. In den Bauch
Rauchsalz, 1 Lorbeerblatt, 4 Wachholderbeeren, Rosmarinnadeln	
	und
1 Stück Naturzitrone	geben. Außen leicht salzen und in
wenig	Mehl umdrehen. In einer Stielpfanne nicht zu knapp
Butter - Öl Mischung	erhitzen, den Fisch einlegen und bei gelinder Hitze von beiden Seiten je **4 - 6 Min.** je nach Stärke des Fisches braten. Pfanne bewegen, damit er nicht anhängt.

Renke gegrillt

Renke wie oben vorbereiten, leicht mehlieren, mit Öl einpinseln, in einem geöltem Fischgitter l a n g s a m grillen, damit der Fisch innen wohl gar aber saftig bleibt.

Rettich-Salat

für 1 Person:

1 kleinen Rettich	abschaben oder ganz dünn schälen, fein oder grob raffeln oder hobeln.
3 EL süße Sahne 1 TL Weinessig einige Tropfen Flüssigwürze	und
Pfeffer	aus der Mühle zufügen, gut vermischen und mit
Schnittlauchröllchen	bestreut gleich auftragen.

Erst kurz vor Gebrauch anmachen,
sonst wird er schwer verdaulich!

Reiberdatschi

für 1 Person:

ca 250 g mehlige Kartoffeln — schälen, auf Kronenreibeisen reiben, den Saft gut ablaufen lassen, mit und

1 EL dickem saurem Rahm
1/2 TL Salz
1 El Butter und 1 TL Öl

vermischen, in einer Stielpfanne erhitzen, kleine Küchlein einlegen, beidseitig recht knusprig backen. Wenn mehr Personen essen, kann man den Teig auch in eine gefettete Bratreine geben und im Backrohr bei 250° braun backen. Ggf. Butterflöckchen auflegen. Dazu Gurkensalat,* Sauerkraut * oder Apfelbrei *.

Reibekuchen mit Käse

für 1 Person:

250 g Kartoffeln — dünn schälen, grob raffeln, mit
50 g Frischkäse — je trockner je besser und
30 g Emmentaler — grob geraffelt, vermischen. In einer Pfanne nicht zu üppig

Öl — erhitzen, kleine Küchlein einlegen, nicht zu früh wenden und knusprig backen. Als Beilage frischen Salat.

Reibekuchen mit Lachs

2 große mehlige Kartoffeln — mittelfein reiben, Saft abgießen,
1 Eidotter, 1 Msp. Salz — einrühren, in einer Pfanne in
1 El Butter — 2 Reibekuchen herausbacken.
Je 1 Scheibe Räucherlachs — daraufplazieren und an die Seite einen Klecks Sauce geben. Dazu:

was Feines

4 El Crème fraiche   1/2 TL Meerrettich
1 El Tomatenmark   und 1 EL Cognac
gut verrühren.

für Zwei

Reis

Reis ist eine ideale Beilage zu Fleisch aber auch als selbständiges Gericht ausgezeichnet und nicht arbeitsaufwendig. Kochen
Sie auch für eine Person ein bißchen mehr als angegeben, denn
Reis hält sich ein paar Tage im Kühlschrank und kann zu einem
völlig neuen Gericht wie Krabbenreis, Reissalat oder dergleichen
verwendet werden. Kaufen Sie nur für die verschiedenen Gerichte
die richtige Sorte, dies ist sehr wichtig. Für trockenen Reis
einen Parboiled Reis, dem durch ein spezielles Verfahren seine
Vitamine trotz des Schleifens erhalten bleiben oder einen Langkornreis. Bei Naturreis, Braunreis ist die längere Garzeit zu
berücksichtigen. Für Risotto ist am besten ein Aborio- oder der
gelbliche Vialone - Reis geeignet. Wildreis ist in einer Mischung
Langkornreis und Wildreis, abgepackt erhältlich.

Reis gedünstet

für 1 Person als Beilage:

1/2 Tasse = 60 g Parboiled Reis	entweder in einem Tuch abreiben oder lauwarm waschen und abtropfen las- sen. In einem feuerfesten Topf, in dem sie dann gleich auftragen kön- nen
1 Tl Butter	zerlassen,
1 kleine Zwiebel	gehackt, darin anlaufen lassen, den Reis zufügen, umrühren bis er glasig ist, dann
1 Tasse Brühe * S.50	bereits gewürzt, angießen und bei gelinder Hitze zugedeckt **12–15 Min.** quellen lassen. Mit Gabel auflockern und offen abdampfen lassen.

Reis gekocht   TROCKENER REIS

für 1 Person:

60 g Siam Patna Ideal Reis
      mit Silberhäutchen   lauwarm waschen, auf einem Sieb
                                   gut abtropfen lassen,

1 1/2 l Brühe * S.50   mit
1 ganzen Zwiebel   geschält,
1 Lorbeerblatt   und
ein paar Pfefferkörnern   zum Kochen aufsetzen, den Reis

hineingeben, **12 Min.** kochen las-
sen. Probieren, der Reis sollte
körnig sein aber keinen harten
Innenkern mehr haben. Auf ein
Sieb schütten, dieses in einen
Topf mit wenig heißem Wasser zum
Warmhalten und Abdampfen stellen.
Reis im Sieb etwas auftürmen. So
erhalten Sie einen perfekten
trockenen Reis.

Reis mit Safran

ist einfach herzustellen. Gekochten * oder gedünsteten * Reis
vorbereiten, in die Kochbrühe 1/2 TL Safranpulver oder 4-6 Saf-
ran Samenfäden mit auskochen.

Reis türkisch   sehr gut zu Lamm

trockenen Reis *   wie oben bereiten, ohne Zwiebel
                            und Lorbeerblatt,

1 TL Zimt
1 EL Weinbeeren,   und
1 EL Pinienkerne   untermischen.

R

Rindfleisch

Scheuen Sie sich nicht, auch einmal ein Gericht mit etwas längerer Garzeit zu kochen, aus dem Sie hernach mehrere verschiedene Mahlzeiten ohne große Mühe herstellen können. So zum Beispiel: Sie kochen Suppenfleisch oder wie die Schweizer es nennen, Siedfleisch, das keiner Beaufsichtigung bedarf, weil es alleine leise vor sich hinköchelt und folgende Gerichte ergibt:

1. **Siedfleisch mit Gemüse, oder**
2. **Tellerfleisch mit Meerrettich**
3. **Nudeleintopf mit Rindfleisch**
4. **verschiedene Rindfleischsalate**
5. **Zwiebelfleisch**
6. **kann Fleisch mit der Brühe eingefroren werden.**

Es rentiert sich also auch für einen kleinen Haushalt einmal ein größeres Stück Fleisch zu kaufen, das zudem ja viel saftiger bleibt als ein kleineres.

Rindfleisch gekocht
Suppenfleisch
Siedfleisch

R

Knochenbrühe * S.107 bereiten, erst
                    wenn diese kocht,

800 g Rindfleisch
    Wade oder flache
    Schulter   gewaschen hineingeben, Hitze reduzieren und das Fleisch zugedeckt leise köcheln lassen. Im Normaltopf **1 1/2 Std.** im Schnellkochtopf **30 Min.-** Das Fleisch vor dem Anschneiden kurz warm zugedeckt ruhen lassen, damit der Saft nicht ausläuft. Wird Fleisch aufgehoben, dieses **in** der Brühe erkalten lassen und dann erst weiterverwenden.

Rindfleisch-Salat Nr. 1

für 1 Person:

ca 150 g Rindfleisch
        gekocht   ohne Fett in dünne Scheibchen oder
                        Streifchen schneiden, in eine kleine
                        Schüssel geben,
1 kleine weiße Zwiebel   in dünne Ringe schneiden oder hobeln,
1 kleinen Apfel   gut waschen, mit der Schale stifteln
                        und zum Fleisch geben.
3 EL Salatsauce Nr.1*S.170 und
etwas Brühe *   angießen und vermischen. Mit
Pfeffer   aus der Mühle würzen und mit
Schnittlauchröllchen   bestreuen.

Rindfleisch-Salat Nr. 2

Rindfleischsalat Nr. 1 *   herstellen,
4 EL Mais mit Paprika
    (Kl. Dose)   zufügen, jetzt aber mit
Salatsauce Nr. 3 * S.171 anmachen.

Rindfleisch-Salat Nr. 3

Rindfleischsalat Nr. 1 *   herstellen,
50 g Sojasprossen   blanchieren u. abtropfen lassen, mit
50 g Kresse   bestreuen und
                        mit
Dajong und Sojasauce   abschmecken.

Rindfleisch-Salat Nr. 4

Rindfleischsalat Nr. 1   herstellen,
1 kl. Gewürzgurke   klein würfeln,
1/2 Paprikaschote   in Streifchen schneiden und
1 kl. Peperoni   kleingeschnitten untermischen.

R

Risotto aus dem Tessin

für 2 Personen:

30 g getrocknete Steinpilze · lauwarm einweichen,

1 kleine Zwiebel · fein hacken, in einer Pfanne von 26 cm ⌀

2 EL Butter · erhitzen, die Zwiebel darin glasig anlaufen lassen.

120 g Vialone Reis · zugeben und rühren, bis die Körner vom Fett umschlossen sind, nach und nach, insgesamt

ca 3/4 l Hühnerbrühe* ´S.93 · mit
1 Msp Safranpulver · und die ausgedrückten Pilze beifügen. Bei kleiner Hitze unter gelegentlichem Umrühren ca **20 Min.** quellen lassen. Zum Schluß

1 Stückchen frische Butter · und
80 g Parmesan oder
80 g anderen Hartkäse · gerieben untermischen.

Risotto Quattro Funghi

für 2 Personen:

Risotto * · Zubereitung wie oben, jedoch:
20 g getrocknete Steinpilze · und
20 g getrocknete Herbst-
trompeten · lauwarm einweichen, dann wie oben mit dem Reis quellen lassen, nach 10 Min.

* 50 g frische Pfifferlinge · geputzt und
* 50 g frische Champignons · in Scheibchen geschnitten, zufügen und im Reis mitgaren. Garzeit ca **20 Min.**

164

Riz Colonial

Von Mena aus Zürich

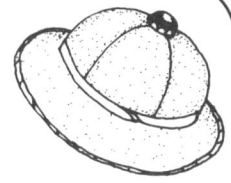

für 2 Personen:

1 Tasse Langkornreis	waschen und abtropfen lassen, in einen flachen Topf
1 EL Öl	geben, den Reis darin schwenken.
2 Tassen Brühe *	angießen und den Reis zugedeckt langsam köcheln lassen. Inzwischen
2 Scheiben Ananas	in Stückchen schneiden,
2 Tomaten	schälen, würfelig und
1 Pfefferschote	kleingeschnitten in
1 EL Öl	erhitzen, mit
Ingwer	würzen,
1 Apfel	geschält, grob geraffelt und
*3 EL Mandelstifte	geröstet mit den anderen Zutaten über den fertigen Reis geben.

Diesen Reis kann man vorbereiten, wenn Besuch kommt und zu beliebigem Fleisch oder mit Curry - Sauce reichen.

Rösti aus gekochten Kartoffeln

für 1 Person:

1 EL Öl und 1 TL Butter	in einer Stielpfanne erhitzen,
1/2 Zwiebel	feingeschnitten zufügen,
* 3 Pellkartoffeln *	geschält und geraffelt daraufgeben.
Wenig Salz und Muskat	anstreuen, zu runden Küchli zusammenschieben oder in einer kleinen Pfanne backen, die dann die Größe der Rösti hat. Kartoffeln etwas zusammendrücken, erst wenn die Unterseite schön braun ist, wenden.

Eine gute Beilage zu Fleisch aber auch zu Gemüse und Salat.

R

Rösti aus rohen Kartoffeln

für 1 Person:

1 EL Öl, 1 EL Butter — in einer Stielpfanne erhitzen,
1/2 Zwiebel — in Streifen geschnitten, zufügen,
3 rohe Kartoffeln — dünn schälen, raffeln und sofort auf die Zwiebeln geben, gut anbraten und kurz zudecken, mit

Salz und Muskat — würzen vor dem Wenden. Zusammenschieben zu runden Küchli. Schön braun braten. Typische Beilage zu Zürcher Geschnetzeltem *, passt aber auch gut zu anderen Fleischgerichten.

Rösti mit Käse

Rösti wie oben aber ohne Zwiebel bereiten. Gleich nach dem Wenden 2 EL geraffelten Halbhartkäse daraufstreuen, Pfanne kurz zudecken, damit der Käse verläuft. Man kann den Käse aber auch gleich unter die Kartoffeln mischen.

Rosenkohl

ist ein äußerst vitaminreiches Gemüse, das nach dem ersten Frost am besten schmeckt. Grüne Röschen verwenden! Schnell geputzt!

für 1 Person:

200 g Rosenkohl — in Salzwasser waschen, in den Strunk ein kleines Kreuz einschneiden, damit er schneller gar wird. In

wenig Salzwasser — gerade bißfest kochen.
2 EL Butter — aufschäumen lassen,
2 EL Weizenkeime oder
2 EL Semmelbrösel — darin anlaufen lassen, über die fertigen Rosenkohlröschen geben. **Oder:** Rosenkohl nach dem Garen mit

1/2 Tasse süßer Sahne — übergießen, mit
Muskat — würzen und gut durchziehen lassen.

R

Rote Bete

Rohkost gesund für alt und jung

für 1 Person:

1-2 kleine rote Bete	gut bürsten, waschen und nicht zu grob in eine Schüssel reiben.
1/2 Apfel	gewaschen, mit der Schale dazuraffeln,
1/2 TL Zimt	
1 TL Rotweinessig	und
1 TL Öl	zufügen und alles gut vermengen.

Roter-Rüben-Salat

ist in der Zubereitung doch sehr arbeits- und zeitaufwendig, nehmen Sie, wenn es sehr eilt, deshalb ein Glas eines guten Fabrikates und vermischen es mit 1 gehackten Schalotte, 1 TL Kümmel oder Anis und 1 - 2 EL Öl. Dieser Salat hält im Kühlschrank über 1 Woche. Es empfielt sich also ein größeres Glas zu nehmen.

Rotkraut

selbstgemacht - ist für die Schnellküche umständlich. Hier ist ein gutes Dosenfabrikat oder ein Glas von großem Nutzen.

Rotkraut gedünstet

für 2 Personen:

1/2 Zwiebel	hacken, in
1 EL Öl	glasig anlaufen lassen,
1/2 Apfel	ungeschält, gewaschen, feingeschnitten, zufügen,
450 g Rotkraut (Dose)	aufgelockert dazugeben, mit
1 TL Rotweinessig	und
etwas Brühe *	aufgießen und zugedeckt **8 Min.** nicht zu weich dünsten. Rotkraut schmeckt auch zu Kartoffelgerichten gut.

Rührei

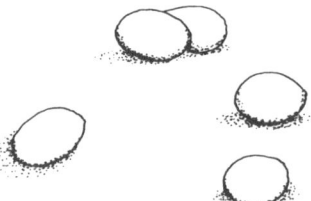

kennt jeder Schnellkoch als Notlösung. Man kann das Rührei natürlich schon ein wenig aufwerten und verändern zu:

Kräuter - Rührei
Rührei mit Krabben
Rührei mit Schinken
Rührei mit Käse

Grundrezept

für 1 Person:

2-3 Eier, 1 Msp Salz	
1 TL Wasser	zusammen verschlagen,
1 TL Butter	in einem Pfännchen gerade aufschäumen

lassen, die Eier hineingeben, gleich mit einem Esslöffel von außen nach innen im Kreis rühren und sofort von der Kochstelle nehmen, denn das Ei gart in der Pfanne noch nach und würde sonst zu trocken werden. Gut dazu schmeckt ein Schwarzbrot mit Kräuterbutter * und wenn es auch noch so eilt, Frischkost wie Tomate, Gurke oder Paprika dazugeben.

Rum-Creme

R

für 2 Personen:

2 Eidotter	mit
3 EL Puderzucker	schaumig rühren,
2 EL feinen Rum	einrühren, nach Belieben
1 EL Mandelstifte	geröstet oder
1 EL cand. Ingwer	gestiftelt, beifügen,
0,2 l süße Sahne	steifschlagen und locker unterheben. Sofort

auftragen oder einfrieren. Diese Creme kann auch mit Orangenalkohol * bereitet werden. Schnell gemacht und sehr fein !

Rumpsteak

bringt nur den vollen Genuß, wenn das Fleisch wirklich gut ab-
gehangen ist. Man nimmt eine nicht zu dünne Schnitte aus der
Ochsenlende m i t dem Fettrand.

für 1 Person :

1 Rumpsteak ca 200 g
  2 cm dick   mit der Hand leicht klopfen, Fettrand
                         einschneiden, aber bitte nicht in das
                         Fleisch schneiden!

2 EL Öl,
groben Steakpfeffer   und nach Belieben
1 Knoblauchzehe   gepresst, vermischen, Steak darin wen-
                         den,
frische Basilikumblätter darauflegen, zudecken und kaltstellen.

                         Kann auch 1 - 2 Tage in der Marinade
                         liegen, wenn es nicht eilt.
                         Dann Marinade mit
1 EL Butter   in einer Pfanne erhitzen, das Steak
                         einlegen, von jeder Seite bei guter
                         Hitze **3 Min.** braten, bis das Fleisch
                         auf Druck etwas nachgibt.Jetzt erst mit
wenig Salz   bestreuen und auf einen vorgewärmten
                         Teller legen. Wird Sauce gewünscht, den
                         Bratenfond mit
etwas heißer Brühe * oder
heißem Tee   lösen
                         Das Rumpsteak kann **natur** gegeben werden,
                         mit Salaten, Gemüse und Kartoffeln in
                         vielen Variationen oder es bekommt eine
                         besondere Garnitur: 1 Orangenscheibe,
                         auf die man Meerrettichsahne auftürmt
                         oder 1 Zwiebel gehobelt und braun gerö-
                         stet daraufgeben. Oder aber 1 Stückchen
                         Kräuterbutter nicht zu hart, damit sie
                         schön zerfließen kann. Oder man gibt
                         Rumpsteak **mit Sahnesauce,** dann in den
                         Bratenfond 1/2 Tasse Sahne und 1 TL Cog-
                         nac oder Orangenalkohol * einrühren.

R

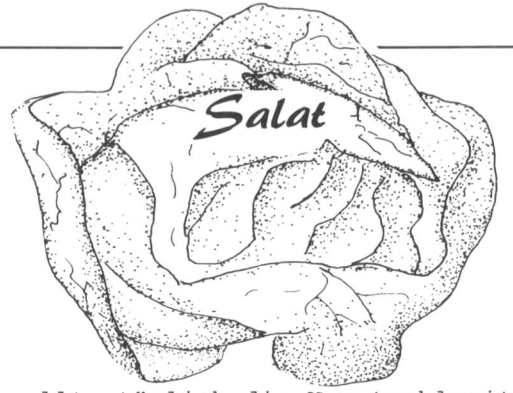

Salat

als Frischkost sollte täglich die Hauptmahlzeit einleiten, um uns mit den nötigen Ballaststoffen zu versorgen. Es wäre für den Berufstätigen - Haushalt sicher zu mühsam. täglich vielleicht zweimal grünen bzw. Blattsalat zu putzen, waschen und eine Sauce dafür herzustellen. Viel günstiger: mehr Salat auf einmal putzen, in Salz- oder Biosmonwasser waschen, damit er nicht auslaugt,gut abgetropft in einen Frischhaltebeutel locker einfüllen, diesen fest verschlossen in den Kühlschrank legen. Die benötigte Menge kann dann jederzeit entnommen werden. Der Salat bleibt so 2 Tage knusprig frisch. Salatsaucen am besten auch auf Vorrat bereiten und in den Kühlschrank stellen. Haltbarkeitsdauer 1 Woche mind. Salate, die nicht gewaschen werden müssen, wie Gurke, Rettich, Melone etc. sind natürlich einfacher in der Zubereitung.

Salat-Sauce Nr. 1 Vinaigrette   für ca 6 Portionen

1 EL franz.Senf
3 EL Weißweinessig
3 EL Weißwein
3 EL Öl
wenig Meersalz oder Salatgewürz

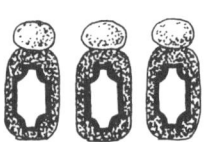

1/4 TL schwarzen Pfeffer
2 EL heißes Wasser

grobgemahlen aus der Mühle und in einem weithalsigem Glas gut schlagen oder geschlossen mixen. Nach Belieben am Schluß

1 hartgekochtes Ei

feingehackt untermischen. Erst vor Gebrauch folgende Gewürze anstreuen:

1 Zwiebel gehackt, frische Kräuter wie Petersilie, Dill, Kerbel, Estragon etc. ebenfalls gehackt.

S

Salat-Sauce Nr. 2

2 EL franz Kräutersenf
8 EL Rotweinessig
4 EL süße Sahne
4 EL Milch
1 EL Flüssigwürze   und
1 TL Streuwürze   vermischen

12 EL Öl   zum Schluß darunterschlagen.

Vor Gebrauch: 1 gehackte Zwiebel, nach Belieben 1 Knoblauchzehe gepresst und folgende Kräuter gehackt zugeben: Petersilie, Dill Schnittlauch, Zitronenmelisse, Basilikum und Liebstöckel.

Salat-Sauce Nr. 3

8 EL Joghurt
4 EL Obstessig
1 EL Flüssigwürze
8 EL Öl   alle diese Zutaten in einem
                      Schraubglas gut durchmixen.
                      folgende Kräutermischung erst vor
                      Gebrauch anstreuen, da die Sauce
                      sonst nicht haltbar wäre.

Kräutermischung:
Boretsch, Dill, Basilikum, Liebstöckel, Schnittlauch, Pimpinelle, Zitronenmelisse, Estragon und Petersilie.

Sauce-Bearnaise siehe Béarnaise - Sauce * S.42

Sauce Bolognese siehe Spaghetti Bolognese* S.175

Sauce Hollandaise siehe Hollandaise * S.91
                                Holländische Sauce * S.91

S

Seelachsforelle im Weinsud

für 1-2 Personen :

1 frische Seelachsforelle	bereits ausgenommen kurz und gründlich waschen, innen mit
Salz und Zitronensaft	einreiben,
Weinsud* S.197	bereiten. Den Fisch in den warmen, nicht mehr kochenden Sud einlegen und entweder im Backherd zugedeckt oder auf dem Herd ca **18 – 20 Min.** je nach Größe nur leise ziehen lassen. Wenn die Augen weiß hervortreten und sich die Flossen herausziehen lassen, ist der Fisch fertig. In der Zwischenzeit Dampfkartoffeln aufsetzen. Zerlassene Butter oder Meerrettichsahne dazureichen. Sehr fein: Sauce von Reibekuchen mit Lachs * separat beigeben.S.159.

Seezungenröllchen

für 2 Personen:

4 frische Seezungenfilets	waschen.trockentupfen und mit
Zitronensaft	beträufeln. Kalt stellen. Inzwischen Beilagen vorbereiten. Siehe unten.
100 g Shrimps	auf die Seezungenfilets legen, mit
Salz und weißem Pfeffer	bestreuen, zusammenrollen, in eine feuerfeste Form aufrecht einsetzen.
2 Tassen Weißwein	darübergießen, zugedeckt sanft köcheln lassen. Garzeit **12–15 Min.**
1 Eidotter	mit
1 TL Zitronensaft	und
1/2 Tasse Crème fraîche	verrühren, wenig Fischsud zufügen und über die Röllchen gießen. Dazu passen, Dampfkartöffelchen * Spinat aus der Pfanne * oder Reis *

Semmelschmarrn

ist an sich eine bayerische Angelegenheit. Wenn Brötchen vom Vortag übrig sind, ist schnell ein Essen oder eine Beilage bereitet.

für 1 Person:

2 Brötchen	in ca 1 cm Scheibchen schneiden,
1 Tasse heiße Milch	darübergießen und durchziehen lassen. In der Zwischenzeit Salat oder Kompott als Beilage herrichten. In einer Stielpfanne von 26 cm ⌀ bodenbedeckt
Butter oder Butterschmalz	erhitzen,
1 - 2 Eier	verklöppeln, die Brotstückchen darin rasch wenden, in das heiße Fett geben und schön goldgelb ausbacken. Noch kurz zudecken und durchziehen lassen. Nach Belieben leicht mit
Zucker	bestreuen und Kompott dazugeben oder mit
wenig Salz	gewürzt mit Salat auftischen. Ungezuckerter Semmelschmarrn ist auch zu Pilzen an Stelle von den langwierigeren Semmelknödeln eine gute Alternative. Garzeit ca **10 Min.**

Senf-Sauce Nr. 1

für 1 - 2 Personen:

1 hartgekochtes Ei	im Eierschneider 1 x längs und 1 x quer durchschneiden oder hacken,
2 kl. Gewürzgurken	kleinwürfelig schneiden, beide Zutaten mit
2 EL süßem Senf	
2 EL Brühe * oder Wein	
1 EL Petersilie	gehackt und
1 EL Schnittlauch	vermengen. Sehr gut zu gekochtem Fleisch.

Senf-Sauce Nr. 2

für 1 - 2 Personen:

2 EL franz. Senf	mit
1 TL Cognac	glattrühren,
1 Tasee süße Sahne	steifschlagen und unter den Senf mischen.

Setzeier s. Spiegeleier
Siedfleisch s. Rindfleisch gekocht

Sojasprossen Glycine-Soja S.hispida

im Handel auch Bean Sprouts genannt,meist Keime der **grünen Mungo-bohne** sind reich an Eiweiß, Vitaminen, Mineralsalzen und hochun-gesättigten Fettsäuren. Sie sind joulearm, also eine ideale Gemüsebeilage. Gekeimte **Sojasprossen** sckmecken nicht so fein.

Sojasprossen in der Pfanne

für 1 Person:

100 g frische Sojasprossen kurz überbrausen, ggf. Samenhülsen abstreifen.
1 EL Öl oder Erdnussöl in einer Pfanne erhitzen, die Sprossen darin rasch anlaufen lassen ohne zu bräunen. Mit
Wenig Meersalz, Sojasauce und
1/2 TL Dajong u. 1 Msp. Sambal würzen. VARIATION: Blattspinat in die Pfanne geben, Saft ggf. ab-gießen und die Sojasprossen zufügen.

Sojasprossen-Salat

für 2 Personen:

100 g Sojasprossen blanchieren dann abtropfen lassen. Glasig dünsten.
50 g Champignons putzen, in Scheibchen geschnitten,
1 Tomatenpaprika in Streifchen geschnitten beigeben.
1 kl. Staude Romanasalat gewaschen und in Streifen geschnit-ten unter die anderen Zutaten heben.

1 EL Zitronensaft 1 Msp Salz
1 Msp Zucker, 2 EL Öl und
1 EL Sojasauce vermischen, über den Salat geben.

Spaghetti mit Basilikum

für 1 Person:

100 g Spaghetti	in reichlich
Salzwasser mit 1 TL Öl	in ca **10–12 Min.** nicht zu weich kochen, umrühren. Auf ein Sieb geben und gut ausschütteln. In vorgewärmtem Geschirr auflockern.
2 EL Butter	in einem Pfännchen aufschäumen lassen,
* 2 Knoblauchzehen	gehackt und
4-6 Basilikumblätter	zerzupft hineingeben, kurz große Hitze einschalten und das Ganze sehr heiß auf die Spaghetti geben und vermischen. Nach Belieben
Reibekäse	anstreuen.

Spaghetti Bolognese

für 1 Person:

Zuerst eine Sauce Bolognese bereiten:

100 g Hackfleisch	
1/2 Zwiebel	gehackt die feingeriebene Schale von
1/4 Naturzitrone	
1 Stück Staudensellerie	feingehackt,
4 EL Tomatenmark	vermischen, mit
Oregano und Pfeffer	würzen. In einem Pfännchen, in
2 EL Öl	bröselig rühren, nach Bedarf wenig
Rotwein	angießen, aufkochen lassen und offen etwas einbruzzeln lassen, bis die Sauce dicklich ist. Inzwischen
100 g Spaghetti	wie oben kochen. Die Sauce,
ein Stückchen Butter	und
Reibekäse	dazugeben.

Spaghetti mit Tomatensauce

Tomatensugo* S. 93 herstellen, Spaghetti mit Butter und Käse auftragen.

Spiegeleier

von der Omi Edenharter

1 EL Butter	in einem kleinen Pfännchen erhitzen
2 frische Eier	am Pfannenrand aufschlagen und vorsichtig hineingleiten lassen. Der Dotter darf nicht zerlaufen. Ein paar Tropfen Wasser daraufsprenkeln, damit das Eiweiß nicht anbrennt. Mit einer Gabel das Eiweiß auseinanderziehen, dann bleibt obenauf keine rohe Schicht. Erst zum Schluß nach Belieben mit
Salz u. Pfeffer	würzen und mit
Schnittlauch	bestreuen.

Spiegeleier blind

1 TL Butter	erhitzen,
2 frische Eier	hineinschlagen, sofort mit einigen Tropfen Wasser besprenkeln, damit sie sich nicht anlegen. Gleich zudecken. Hitze reduzieren. Die Dotter verschwinden unter dem Eiweiß, das schneller gar wird. Nach **2 Min.** mit
Cayennepfeffer	bestreut zu Tisch geben.

Spiegeleier im Brotrand

2 Scheiben Toast-oder auch Schwarzbrot	bis 2 cm zum Rand hin von der Molle befreien.
1 Fleischtomate	in Würfel schneiden.
1 EL Butter	in einem Pfännchen zerlaufen lassen,die Brotränder einlegen, mit den Würfeln füllen und hineinschlagen.Das Eiweiß mit einer Gabel hochzupfen. Mit
je 1 frisches Ei	
Schnittlauchröllchen	bestreuen. Schmeckt gut zu Spinat.

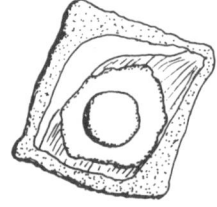

Spinat

behält seinen Vitamin C Anteil nur, wenn er ganz frisch verarbeitet wird. Fertiggekochter Spinat darf keineswegs aufbewahrt und wieder aufgewärmt werden, da sich schädliches Nitrit bilden kann. Also nicht für mehrere Mahlzeiten kochen, was im Minihaushalt oft von Nutzen ist, kann hier nicht praktiziert werden! Verwelkten Spinat wegwerfen! Lange,dicke Stiele entfernen, da sie oxalsäurehaltig sind. Wenn Sie dies alles beachten,werden Sie viel Freude an den vielen Varianten von Spinatrezepten haben.

Spinat in der Pfanne

für 1 Person:

250 g jungen Spinat	in Salzwasser gründlich waschen, gut abtropfen lassen. In einer Stielpfanne von 26 cm ⌀
1-2 EL Öl	erhitzen, den Spinat hineingeben, nur ganz kurz zudecken, mit
Flüssigwürze oder wenig Salz und Muskat	würzen, in **2-3 Min.** fertig.

Spinat in der Pfanne 2. Art

für 1 Person:

250 g jungen Spinat	vorbereiten wie oben, nach dem Waschen mit dem anhaftenden Wasser in einer Stielpfanne unter Umrühren zusammenfallen lassen.Garzeit **2 Min.**
1 TL - 1 EL Butter Kräuterbutter *	oder zufügen und nach Belieben würzen.

Spinat mit Rahm   Winterspinat

für 1 Person:

250 g Spinat	vorbereiten wie oben, Spinat in Steifen schneiden, in einem Töpfchen
1 EL Öl erhitzen	erhitzen
1 kl. Schalotte	gehackt darin anlaufen lassen. Spinat zufügen, umrühren, kurz zudecken,
1/2 Tasse süße Sahne Muskat und Zitronensaft	einrühren, mit würzen, nach Belieben pürieren.

Spinat italienisch

für 1 Person:

250 g Spinat	blanchieren, mit
wenig Salz und Pfeffer	würzen, Backrohr auf 230° vorheizen. Ein kleines feuerfestes Pfännchen mit
1 EL Öl	einfetten, den abgetropften Spinat einfüllen, in der Mitte ein Loch freimachen,
1 Ei	hineingleiten lassen, mit
5 EL Reibekäse 60% i. Tr.	bedecken. Im Backrohr auf der obersten Schiene kurz überbacken, bis der Käse schön geschmolzen ist.

Spinat-Salat amerikanisch

für 1 Person:

200 g jungen Spinat	waschen, kleine Blättchen ganz lassen, große zerreißen, abgetropft mit
*100 g Sojasprossen	kurz blanchiert in eine Schüssel geben, mit
Salatsauce Nr. 1* S. 170	vermischen und
ca 80 g Tofu	in Würfel geschnitten, darauflegen.

Spinat-Salat italienisch   von Tante Mausi

für 1 Person:

250 g jungen Spinat	vorbereiten, s.oben, kurz blanchieren, abgetropft in eine kleine Schüssel geben und mit Sauce vermischen. Dazu
1 EL Zitronensaft	
2 EL Öl	
1 kleine Schalotte	gehackt,
Pfeffer	aus der Mühle
1 Knoblauchzehe	gepresst und
Flüssigwürze	gut verschlagen. Sauce über den Spinat geben und gut durchziehen lassen. Nach Belieben mit
Pinienkernen	bestreuen.

Foto:

Brennesselsuppe *

Fischsuppe *

Lauchsüppchen chin.*

Spinat-Suppe chinesisch

für 2 Personen:

50 g Glasnudeln	in kaltem Wasser einweichen.
250 g jungen Spinat	nach Rezept Spinat in der Pfanne Nr.2 * herstellen. Fleischbällchen bereiten:
150 g Tatar	mit
1/2 Zwiebel	gehackt vermischen. mit
Dajong, Pfeffer	und
Glutamat	würzen, kirschgroße Bällchen formen, in
1 EL Stärkemehl	umdrehen, kurz kaltstellen, in
3/8 l Brühe * S.50	**5 Min.** köcheln lassen, Glasnudeln zufügen, kurz mitgaren und den Spinat beigeben, mit
Sojasauce	und
Sambal Oelek	abschmecken. Sehr fein.

Spinat-Suppe   von Lorle

für 1 Person:

125 g jungen Spinat	vorbereiten, nach dem Waschen kurz in
Salzwasser	blanchieren,
1/4 l Hühner- oder Fleischbrühe*	erhitzen,
1 Verlorenes Ei * S.195	herstellen, den Spinat in eine Tasse oder Suppenteller geben, Suppe aufgiessen, das Verlorene Ei einlegen und
2-3 EL Reibekäse	darüberstreuen.

Spinat-Suppe   für Super-Eilige

für 2 Personen:

1 kl. Paket Rahmspinat 250 g	unaufgetaut mit
1/2 l Hühnerbrühe* S.93	übergießen in einer kleinen Schüssel, die man **3 Min.** in den Schnellkochtopf auf den Locheinsatz stellt. Deckel schließen. Die Suppe mit
Muskat	würzen . Fertig !

S

Stangenspargel

weißer Spargel ist nicht so schnell bereitet wie **GRÜNSPARGEL** S.82
er muß ganz geschält werden und die **Garzeit** beträgt ca **30 Min.**

Schellfisch gedünstet

für 2 Personen:

2 dicke Schellfischkoteletts oder 600 g am Stück	mit
Salz	abreiben, waschen, mit
Zitronensaft	beträufeln, in eine feuerfeste Kasserolle legen. Inzwischen
* Blausud *S.43	bereiten. Etwas abgekühlt auf den Fisch gießen und mit dem Gemüse aus dem Sud belegen. Zugedeckt _ je nach Stärke der Fischstücke im vorge- heizten Backrohr bei 220° oder auf dem Herd **10 - 20 Min.** dünsten. In- zwischen Dampfkartoffeln * bereiten und nach Belieben zerlassene Butter oder eine Sauce wie Ajoceite *S.24 Curry*-oder Senf sauce *S.55 oder 173 dazu!

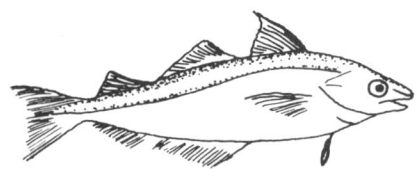

Schinkenauflauf

dieses Quantum ist günstig, sollte
etwas übrig bleiben, schmeckt das
kalt auf Schwarzbrot.

für 2 Personen:

4 frische Eier	mit
1/2 Tasse Crème fraîche	verschlagen,
200 g gekochten Schinken	in kleine Würfel geschnitten,
40 g jungen Gouda	gerieben und
2 EL Cornflakes	mit den Eiern vermischen.
1 EL gemischte Kräuter	gehackt anstreuen. Eine Auflaufform von ca 24 cm ⌀ mit
1 - 2 EL Butter	einfetten. Die Masse hineinfüllen und bei 220° im vorgeheizten Back- rohr knapp **30 Min.** auf der Mittel- schiene backen. Sofort auftragen. Salat dazu oder voraus geben.

Schinken-Nudeln

für 1 Person.

100 g Bandnudeln
Salzwasser mit 1 EL Öl

in reichlich
nicht zu weich kochen, abtropfen
lassen. In einer Stielpfanne
erwärmen,

1 EL Butter
80 g gekochten Schinken

würfelig geschnitten mit den Nudeln in die Butter geben ohne zu
bräunen. Zum Schluß nach Belieben

3 EL Reibekäse
Salbeiblätter

und in Butter gebratene
darübergeben. Garzeit **10 Min.**
Tomatensalat* passt gut dazu.

Schinkenröllchen mit Lauch

für 1 Person:

3 dünne Lauchstangen

putzen, waschen und in ca 10 cm
lange Stücke teilen, in wenig

Salzwasser

nicht zu weich kochen. Gut abtropfen lassen.

3 Scheiben gekochten
Schinken 2 mm dick

ausbreiten, den Lauch darauflegen,
Schinken zusammenrollen. Eine feuerfeste Form ausbuttern, Röllchen
einlegen, im vorgeheizten Backrohr
bei 220° auf der mittleren Schiene erhitzen.

2 Eiweiß mit 1 Msp Salz
3 EL Reibekäse und
1/2 TL Curry

sehr steif schlagen,

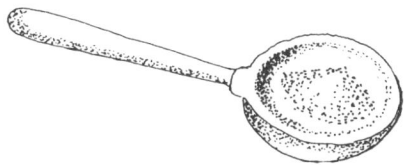

unterheben, auf die Röllchen tür-
men, bei höchster Hitze auf der
obersten Schiene kurz überbräunen.
Reis *, Petersilienkartöffelchen *
oder Couscous * dazugeben.
Garzeit insgesamt ca **15 - 20 Min.**

Schinkenröllchen mit Spargel

für 2 Personen:

6 Scheiben gekochten
   Schinken 2 mm stark

* 500 g Spargel gekocht *

0,2 l süße Sahne
Curry

ausbreiten,

in Stangen von ca 10 cm Länge herstellen, auf die Schinkenscheiben verteilen, zusammenrollen und in eine gebutterte, feuerfeste Form geben. Im vorgeheizten Backrohr **6 Min.** bei 200° belassen, dann steifschlagen mit
würzen, auf die Röllchen geben und bei höchster Hitze auf die oberste Einschubleiste stellen bis die Sahne erhitzt über die Röllchen läuft. Sehr gut auch für ein Gästeessen geeignet.

Schlagsahne

Obers, gschwungene Niddel,

gelingt am besten, wenn die Sahne und alle Gegenstände, die mit ihr in Berührung kommen, sehr kalt sind. Bei großer Hitze Schüssel oder Mixbecher kurz bodenbedeckt mit Sahne in das Tiefkühlfach stellen, übrige Sahne auf die angeeiste füllen und schlagen, so wird sie ganz schnell steif ohne irgendwelche chemische Mittel.

Schleie blau

die Schleie ist ein idealer Portionsfisch, da sie mit 500 g Gewicht am feinsten schmeckt und die Haut mitgegessen werden kann.

für 1 Person:

1 frische Schleie

Weißweinessig
Blausud * oder Weinsud *
Salz und Dill

vorsichtig ausnehmen und waschen ohne die äußere Schleimhaut zu verletzen, mit übergießen,
bereiten, die Schleie innen mit einreiben, in den warmen, nicht mehr kochenden Sud einlegen und **15 Min.** ziehen lassen, bis die Augen weiß hervortreten. Beilagen: Dampfkartoffeln * und flüssige Butter.

Schlemmer-Creme

schnell bereitet und sehr fein

für 2 Personen :

0,2 l süße Sahne	steifschlagen,
1 TL echten Vanillezucker	einrieseln lassen,
6-8 Hohlhippen oder	
6-8 Waffelröllchen	zerbröckeln, locker unter die

Schlagsahne mischen. Nach Belieben kann man mit

Kirschwasser

abschmecken. Kurz kaltstellen.
Sehr gut schmeckt diese Creme über
Kompottfrüchten wie Pfirsiche und
Aprikosen oder über Beeren aller
Art. Man kann diese Creme auch
sofort nach der Fertigstellung
einfrieren.

Schoko-Creme

3 Minuten - Dessert

für 2 Personen:

2 EL Schokocreme	(ein gutes Fabrikat wählen), mit
keine Sauce	und
2 EL Milch	**oder**
1 EL Orangenalkohol *S.143	glattrühren.
1 EL Orangenlikör	steifschlagen, ggf. 1 El zum Gar-
100 g süße Sahne	nieren zurückbehalten. Die Sahne

unter die Schokomischung heben,
in hübsche Gläser füllen und die
zurückbehaltene Sahne in Tupfen
daraufsetzen und mit Röllchen von

1 Rippe Bitterschokolade   bestreuen.

SCH

Schweinefleisch

wird zweckmäßig 1-2 Tage vor Gebrauch in Buttermilch gelegt, nur kurz abgewaschen und mit Küchencrepp abgetrocknet.

Schweinehalsgrat

ist saftiger als ein Kotelett

für 1 Person:

1 Scheibe Halsgrat 180 g   mit
wenig Salz
schwarzem Pfeffer   frisch aus der Mühle und
gemahlenem Kümmel   würzen. In einer Pfanne
1 TL Butter und 1 TL Öl   erhitzen, das Fleisch von jeder
Seite 4 Min. braten. Als Beilage:
jede Art von Kraut oder Gemüse aus
der Pfanne Wenn Sauce gewünscht wird,
Fleisch aus der Pfanne nehmen und mit
wenig Brühe * S.50   den Bratenfond lösen.Garzeit **8 Min.**

Schweinesteak

für 1 Person:

*Minutensteak.
Als erstes Beilagen vor-
bereiten, denn das Fleisch ist
dann ganz schnell fertig.*

1-2 Steaks 1 cm dickes
Kotelettstück vom Rücken
ausgelöst   mit
Öl   bestreichen, mit
Salz und Steakpfeffer   würzen und auf dem Grill von jeder
Seite 1 1/2 Min. braten oder in
der Pfanne
1 EL Butter   erhitzen, das Steak einlegen und
ebenfalls von jeder Seite 1 1/2 Min.
braten. Nicht länger , so bleibt es
schön saftig. Als Beilage:
Wirsing in der Pfanne * Rotkraut *
oder Kartoffeln und Salat. Wenn man
Sauce möchte, Fleisch herausnehmen
und den Bratenfond mit
wenig Brühe * oder Tee   lösen und abschmecken.

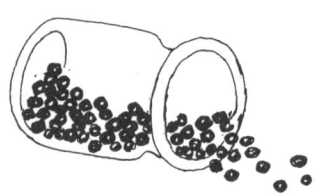

Schweinefilet geschnetzelt

für 1 Person:

150-200 g Schweinsfilet — am besten vom Metzger schnetzeln lassen.

1 EL Öl und 1 EL Butter — in einer Stielpfanne erhitzen,
1 kl. weiße Zwiebel — gehackt darin anlaufen lassen. Das Fleisch bei guter Hitze rasch anbraten.

Salz, Pfeffer,
Kümmel gemahlen — und
1/2 TL Paprika — darüberstreuen,
1/2 Tasse Crème fraîche — angießen und ca. **5 Min.** durchkochen lassen. Reis * oder Kartoffeln * als Beilage.   VARIATION: mit dem Fleisch 50 g Champignons anbraten und zum Schluß 3 EL Reibekäse anstreuen und zugedeckt schmelzen lassen.

Schweinegeschnetzeltes ungarisch

für 2 Personen:

300 g Schweins-
    geschnetzeltes — in eine Marinade legen aus:
3 EL Öl, Steakpfeffer — und
3 Knoblauchzehen — gehackt. Kaltstellen. Inzwischen
1 große gelbe Zwiebel — in Ringe schneiden,
1 rote Paprikaschote — und
1 grüne Paprikaschote — in Streifen schneiden und
1 kl. Dose Mais — beigeben.
1 EL Butter — erhitzen, alle Zutaten mit dem Fleisch und der Marinade zufügen, rasch anbraten. Mit

Salz, Pfeffer u. Paprika — abschmecken. Kräftiges Brot dazugeben. Garzeit **8 Min.**

Staudensellerie mit Roquefort

für 2 Personen:

1 Staudensellerie	putzen, in Stücke von 10 cm Länge schneiden, in wenig
Salzwasser	nicht zu weich kochen, abtropfen lassen, in eine Kasserolle mit Deckel geben.
100 g Roquefort Käse	mit
1/2 Tasse süßer Sahne	verrühren, über den Staudensellerie verteilen, zudecken, sobald der Käse cremig wird,
2 EL Walnusskerne	grob gehackt, anstreuen.

Staudensellerie roh

schmeckt auch roh sehr gut mit Roquefortkäse. Die einzelnen Stangen mit Käsehäppchen bestreichen und ein französisches Weißbrot dazu essen.

Steinpilze in Rahm

für 1 Person:

ca 200 g Steinpilze	fein säuberlich putzen, mit feuchtem Küchencrepp abreiben, dann feinblättrig aufschneiden. In einer Kasserolle (nicht aus Aluminium)
1 EL Butter	aufschäumen lassen,
1 kl. Zwiebel	geschält im ganzen hineingeben, die Pilze zufügen, umrühren und **10–15 Min.** zugedeckt im eigenen Saft dünsten.
2 EL sauren Rahm	und
2 EL süßen Rahm	vermischen und angießen. Jetzt erst zum Schluß mit
Salz, Pfeffer	und
1 TL Essig	würzen und
1 EL Petersilie	sehr feingehackt, anstreuen. Beilagen: Reis * ungesüßter Semmelschmarrn * oder Pilze in einen Pfannkuchen einfüllen. Sehr fein!

Tatar

für 2 Personen:

300 g Tatar
fett-und sehnenfreies Rindfleisch,
geschabt oder durch die Maschine gedreht,
nur ganz frisch vom Metzger verwenden.
Vermischen mit:

1 Eigelb,1/4 TL Salz,
1 kl. Zwiebel gehackt,
1 TL Rosenpaprika
Pfeffer aus der Mühle

1 TL franz.Senf
1 EL Kapern
1 EL Öl
1 EL Cognac

nach Belieben ein geschabtes Sardellenfilet untermischen, dann
kein Salz anstreuen. - Am besten auf gebuttertem Schwarzbrot!

Tatarbeefsteak

kann ggf. aus restlichem Tatar gebraten werden, darf aber nicht
länger als 1 Tag im Kühlschrank gestanden haben.

für 1 Person:

125 - 150 g Tatar
schieres Rinderhack auf einen Teller
oder Holzbrettchen geben,

1/2 Zwiebel
gehackt,
1 Eidotter
1 Msp Salz
und
 und Pfeffer
aus der Mühle frisch gemahlen,zufügen
und alles gut vermengen. 2 Kugeln davon
formen, diese etwas flachdrücken. In
einer Stielpfanne

1 EL Öl u.1 TL Butter
erhitzen, die Steaks einlegen, gut anbraten, dann von jeder Seite **5-6 Min.**
bei reduzierter Hitze fertigbraten. Im
Nu bereitet und mit Salat oder Gemüse
komplett! VARIATION: Nach dem Braten
die Steaks herausnehmen,Bratenfond mit
Sahne und Tomatenmark lösen,etwas
angießen und Nudeln dazureichen und

Tee
Salat.Auch mit Reis*oder Couscous*gut.

T

Tatarklößchen

können aus restlichem Tatar oder frisch zubereitet werden. Dazu:

für 1 Person:

125 g Tatar	frisch gehackt oder durchgedreht,
1 kl. Schalotte	feingewürfelt,
Salz und Pfeffer	nach Belieben,
1 TL Kräuter	gehackt, alles mit
1 Eidotter	vermischen. Klößchen von 3 cm ø formen, in
Stärkemehl	wenden und kaltstellen. Entweder in
3 EL Butter	herausbacken oder in leise kochender
Brühe * S.50	**5–8 Min.** ziehen lassen. Man kann die Klösschen in Tomatensugo * legen oder in das Lauchsüppchen chinesisch * S.123 einlegen.

Tatar-Sauce

für 2 Personen:

1 Ei	10 Minuten kochen, kalt abbrausen, abpellen und kleinhacken.
4 EL Delikatess-Mayonnaise	in eine Schüssel geben,
4 EL Sahne oder	
4 EL Joghurt	zufügen,
1 Schalotte	und
1 kl. Gewürzgurke	gehackt untermischen und
1 TL Kapern	zufügen.
1 TL Petersilie	feingehackt und
1 TL Schnittlauchröllchen	mit dem gehackten Ei anstreuen.

Diese Sauce schmeckt zu kaltem Fleisch, Eiern und als Dippsauce zu Frischkost.

T

Teigwaren

erfreuen sich in der "schnellen Küche" besonderer Beliebtheit. Bei einem sinnvollem Speiseplan sollte der dazugehörige Frisch-salat nicht vergessen werden. **BEIM EINKAUF** ist die beste Qua-lität gerade gut genug, sie macht sich auf jeden Fall bezahlt. Frisch-Ei-Ware hat einen anderen Sättigungswert, gibt beim Ko-chen mehr aus, verkocht nicht und schmeckt um ein Vielfaches besser. Nudeln selbst herzustellen ist für die meisten von uns heute zu zeitaufwendig.

ZUM KOCHEN brauchen Teigwaren reichlich Salzwasser in nicht zu kleinem Topf, sie müssen schwimmen können. Dem Kochwasser werden 1 EL Salz und 1 Tl – 1 EL Öl beigegeben um ein Zusammenkleben zu verhindern. Zudem brauchen die Teigwaren dann anschließend nicht mehr kalt abgebraust werden, was ein Aufwärmen erfordern würde. Werden mehr Nudeln gekocht,weil diese im Kühlschrank ein paar Tage halten, müssen diese hernach **BEIM AUFWÄRMEN** nicht in Fett gewendet werden, bei dem ein Anbraten und Hartwerden meist nicht ausgeschlossen ist. Viel besser gibt man in eine Pfanne bodenbedeckt Wasser, läßt dieses aufkochen und füllt die Teig-waren hinein. Sie werden sehr schnell heiß und schmecken wie frisch gekocht.

T

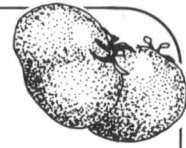

Tomaten-Eiersalat mit Thunfisch

für 2 Personen:

2 Eier	10 Minuten kochen, kalt abbrausen, pellen, in Scheiben schneiden.
2 Fleischtomaten	waschen, Blütenansatz ausschneiden, den Inhalt von
1 Dose Thunfisch in Öl	abtropfen lassen. Auf eine Platte schön in Reihen die Tomatenscheiben, Eier und den Thunfisch in Stückchen legen. Mit
Salatsauce Nr 1 *	begießen,
Pfeffer	aus der Mühle,
1 Schalotte	feingehackt,
1 EL Petersilie	
1 TL Basilikum	ebenso,darüberstreuen. Gut durch-ziehen lassen. Auch ein netter Imbiss für Gäste.

Tomaten mit Mozzarella

für 1 Person:

2 kl. Fleischtomaten	schälen, in Scheiben schneiden,
50 g Mozzarella	in Scheiben darauf verteilen.
1 EL Rotweinessig	und
2-3 EL Ölivenöl	darüberträufeln,
schwarzen Pfeffer	frisch gemahlen,
kleine Basilikumblätter	über den Salat verteilen oder Basilikum kleingeschnitten darunter-mischen. Nach Belieben
4 - 6 schwarze Oliven	darüber verteilen. Als Vorspeise für Gäste gut geeignet, da diese Teller vorbereitet werden können. Siehe Foto Grüne Nudeln mit Lachs *.

Tomatenschmaus   von Lorle

für 1 Person:

2 Fleischtomaten	waschen, Stielansatz herausschneiden, nach Belieben schälen, in ca 1,5 cm Scheiben schneiden. In einer Pfanne mit Deckel
2 EL Öl oder Butter wenig Salz u. Zucker	erhitzen, die Tomaten hineingeben mit und
frischem Pfeffer	aus der Mühle, würzen. Nach Belieben Streifchen von
kaltem Fleisch oder Geflügel	darüberverteilen, mit gehackter
Petersilie	und gehacktem
Basilikum	dick bestreuen,
1 - 2 Eier	verklöppeln, angießen
4 - 5 EL Reibekäse	darüberstreuen, Deckel schließen und bei mittlerer Hitze **5 Min.** hochgehen lassen.

von Erberto aus Genua

Tomatensugo

Angegebenes Quantum sollten Sie auf jeden Fall nehmen,es ist für 2 Personen. Aus einem eventuellen Rest kann unter Zugabe von etwas Brühe und Sahne eine feine Suppe hergestellt werden. Sehr gut auch geeignet um eine Spinatsuppe zu variieren.

1 große Zwiebel	hacken, in einer flachen Kasserolle in
2 EL Öl	anlaufen lassen,
3 Knoblauchzehen	darüberpressen,
1 kl. Möhre	hineinraffeln, den Inhalt von
1 Dose Tomaten 400 g	mit dem Saft zufügen, Tomaten ein wenig zerkleinern, mit
Oregano, Rosmarin-pulver, Pfeffer	aus der Mühle und frischem, gehacktem
Basilikum	würzen,
1 EL Tomatenmark	zufügen. Unter gelegentlichem Umrühren den Sugo langsam offen köcheln lassen.Er sollte eine gute halbe Stunde auf dem Feuer " lächeln ", wie Erberto sagte. Nichts angießen ! Kein Mehl hinein ! Garzeit **45 Min.** Zu Spaghetti, Nudeln oder Fleischbällchen.

T

Tomaten-Suppe

für 2 Personen:

2 EL Öl	in einem Topf erhitzen,
1 gelbe Zwiebel	geschält, in grobe Stücke geschnitten darin anlaufen lassen.
500 g reife Tomaten	vom Stielansatz befreit, vierteln, mit
1 Suppengrün *	in groben Stücken zugeben. Mit
1/2 TL Salz und Pfeffer	aus der Mühle würzen.
1 Zweig Basilikum	und
1 Liebstöckelzweig	mitdünsten.
2 1/2 Tassen Brühe *	angießen, zugedeckt **15 Min.** köcheln lassen. Mit Mixstab fein pürieren oder durch ein Sieb streichen.
4 EL süße Sahne	einrühren oder hernach geschlagen auf die Suppe geben und mit
Schnittlauchröllchen	bestreuen. VARIATION : kleine Brotwürfelchen in Butter, Knoblauchbutter * oder Kräuterbutter * rösten und erst am Schluß auf die Suppe geben, damit sie schön knusprig bleiben.

Tortillas

sind die kleinen Schwestern unserer Omeletts oder Eierkuchen und lassen sich sehr vielseitig gestalten. Dieses ist ein Original Rezept aus dem Motel Ondina in Commarruga. Das Grundrezept ist ganz einfach:

1 Ei, 1 Msp Salz	mit
1 EL Wasser	verklopfen, in einer kleinen Pfanne mit 14 cm ⌀ am Boden
1 TL Öl	erhitzen, Eimasse einfüllen und sofort belegen mit Artischockenherzen halbiert oder Champignons in Scheibchen, mit Tomatenstückchen oder gehackten Kräutern. Bitte für jede Tortilla das Ei frisch verklöppeln und nur ganz kurz backen!

T

Vanille-Sauce

für 1 Person:

1 TL Stärkemehl	mit
1/4 l Milch	glattrühren,
1 EL Zucker	
1 EL Vanillezucker	
	und
1/2 Vanilleschote	aufgeschlitzt, zufügen. Das Ganze auf gelinder Hitze **3 Min.** köcheln lassen.
2 Eidotter	mit
3 EL süßer Sahne	glattrühren, die heiße Vanillemilch zugießen, die Samen aus der Schote streifen und in die Sauce rühren.

Verlorene Eier

kann man z. B. in eine Champignonsauce geben, auf Spinat legen oder eine Suppe damit zu einer kleinen Mahlzeit gestalten.

für 1 Person:

	In einem Töpfchen ca 2 cm hoch
Salzwasser mit 1 EL Essig	zum Kochen bringen,
1-2 Eier	hineingleiten lassen und das Ei sofort mit einer Tasse zudecken. Bei mittlerer Hitze **2 – 3 Min.** garen. Man kann das Ei auch in einen Schöpflöffel schlagen und diesen in mehr Salz- Essigwasser halten, dies ist aber umständlicher.

Vinaigrette

siehe Salatsauce Nr.1 S.170

Vogerlsalat

siehe Feldsalat * S.61

Waller blau

für 1 Person:

1 Scheibe Waller ca 200g	fest mit Salz einreiben, gründlich unter fließendem Wasser abwaschen, mit
hellem Essig Blausud * S.43	begießen, durchziehen lassen. Inzwischen herstellen, den Fisch in dem warmen, nicht mehr kochenden Sud je nach Dicke **10–15 Min.** ziehen lassen. Mit Meerrettichsahne * oder Walnußbutter * und Dampfkartoffeln sehr fein.

Walnuß-Butter

für 1 Person:

2 EL Butter	in einem Pfännchen zerlaufen lassen,
1/2 TL Meersalz	und
1 EL Walnusskerne	grobgehackt zufügen.
	Man kann auch gesalzene Butter verwenden. Dann kein Salz mehr zufügen. Walnußbutter schmeckt auch sehr gut über Gemüse.

Weinkraut

für 2 Personen:

1 kl. Zwiebel	gehackt in
1 EL Öl	anlaufen lassen,
1/2 Apfel	waschen, ungeschält, fein aufgeschnitten oder geraffelt zufügen, mit
1 TL Rohzucker	überstreuen,
500 g Sauerkraut	
oder Weinkraut	aufgelockert beifügen,
2 Tassen Brühe*	angießen, zudecken. Garzeit **15–20 Min.** im Schnellkochtopf **ca 7 Min.** Zum Schluß mit
1 Glas Weißwein	abschmecken und nach Belieben
1 Tasse Trauben	schälen und unterheben.

Weinsud

2 Tassen Weißwein
2 Tassen Wasser
1 Tasse Weißweinessig
1 Lorbeerblatt

1 EL Salz
1 TL Zucker
4 Pfefferkörner weiß
1 Salbeiblatt

2 Zitronenscheiben

Alle diese Zutaten in feuerfestem Glasgeschirr zugedeckt aufkochen lassen. Übriggebliebener Sud kann eingefroren werden. Dann beschriften, ob Fisch oder Fleisch darin gekocht wurde. Nachwürzen.

Weißkraut in der Pfanne

ist sehr schnell bereitet. Zweckmäßigerweise einen ganzen, kleinen, grünen Krautkopf kaufen, dann kann die andere Hälfte für Weißkraut-Salat * oder Kraut und Rüben * verwendet werden.

1/2 kl. Krautkopf

1-2 EL Öl

wenig Salz, Pfeffer
Kümmel
Petersilie

ggf. von den äußeren Blättern befreien. Strunk herausschneiden, in lauwarmem Wasser gründlich waschen, 3-5 mm fein aufschneiden oder hobeln. In einer Stielpfanne
erhitzen, das Kraut hineingeben und schnell umrühren. Im Nu ist es fertig! Mit
und
würzen. Feingehackte
anstreuen.
VARIATION : Kraut nach dem Waschen mit dem anhaftenden Wasser in die heiße Pfanne geben, nur ganz kurz zudecken, umrühren, dann mit 1 Stück Butter oder Kräuterbutter abschmecken. Oder auch einmal anders würzen z. B. mit Curry und Dajong und einigen Spritzern Sojasauce.

Weißkraut-Salat

ist ein sehr sättigender Salat und sehr vitaminreich. Man kauft
am besten einen kleinen grünen Weißkrautkopf, von dem man dann
die andere Hälfte für Weißkraut in der Pfanne * oder für Kraut
und Rüben * verwenden kann.

für 1-2 Personen:

1/2 Weißkrautkopf

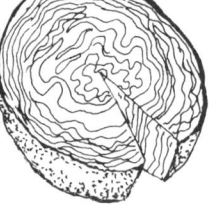

wenn nötig, von den Außenblättern befreien, Strunk herausschneiden. In
lauwarmen Salzwasser gründlich waschen,
dann sehr fein schneiden oder hobeln.

2-3 EL Öl   und
1/2 TL Salz   darübergeben, fest durchmischen, in
die Schüssel drücken und durchziehen
lassen. Inzwischen kann das sonstige
Essen bereitet werden.

3 EL Weißweinessig
1/2 Tasse heißes Wasser
1/2 TL Flüssigwürze
1 TL Kümmel   und
Pfeffer aus der Mühle   vermischen und mit dem Salat vermengen.

Wildreis

wird meistens in einer Mischung aus Langkornreis und Wildreis
angeboten. Wildreis gilt als eine besondere Beilage. Man kann
ihn mit Schalentieren oder Hühnerfleisch als selbständiges Gericht mit Salat anbieten.

Wildreis mit Mango

für 1 Person:

60 g Wildreis   wie Reis gedünstet * herstellen,
1/2 Mango   schälen, zum Schluß erst unter den
Reis geben und mit
Ingwer und Curry   überpudern.

Wildreis mit Melone

für 2 Personen:

1 kleine Netzmelone	halbieren,mit einem Löffel von den Samenkernen befreien, das Fruchtfleisch bis 1/2 cm zum Rand hin lösen,in kleine Stückchen schneiden, mit
*Wildreis *	wie beschrieben, und
*Cocktailsauce *	vermischen. Nach Belieben kann man noch
Scampis oder Hühnerfleisch	untermischen. Den Salat in die Melonenhälften füllen und sehr kühl servieren.

Wirsing

gehört zu den kalkreichsten Gemüsen, ist sehr ballststoffreich und noch dazu einfach in der Zubereitung.

Wirsing gedämpft

für 2 Personen:

1/2 grünen Wirsingkopf Salzwasser	in Salzwasser waschen, halbieren in ca **12 Min.** köcheln, auf ein Sieb zum Abtropfen legen, inzwischen
5 EL Butter 3 - 4 EL Semmelbrösel	in einem kl. Pfännchen erhitzen, einstreuen und leicht bräunen, Wirsingviertel damit übergießen.

Wirsing in der Pfanne

für 1 Person:

ca 200 g jungen Wirsing	in Salzwasser waschen, in 1 cm Streifen schneiden.Eine Stielpfanne bodenbedeckt mit Wasser füllen, zum Kochen bringen, Wirsing hineingeben,
1 kl. gelbe Rübe	schälen, grob darüberraffeln, rasch unter Wenden ca **3–4 Min.** garen. Mit und
wenig Salz, Pfeffer Muskat	abschmecken und
1 EL Butter oder Kräuterbutter	untermischen. Fertig!

VW

Zucchini in der Pfanne

für 1 Person:

3 kleine Zucchini	waschen, Stiel entfernen, ungeschält in 1 cm dicke Scheibchen schneiden,
1 EL Zitronensaft	darüberträufeln. In einer Stielpfanne
2 EL Öl	erhitzen,
2 ganze Knoblauchzehen	und
1 Zweiglein Rosmarin	darin anlaufen lassen, dann herausnehmen, die Zucchinischeibchen in das aromatisierte Öl geben und zugedeckt **5 Min.** dünsten,
1 Eidotter	mit
2 EL Crème fraîche	verrühren, sehr feingehackten
Dill, Flüssigwürze	und
1 EL Wein	zufügen und alles mit den Zucchinis vermischen.

Zucchini-Salat

für 1 Person:

2 kleine Zucchini	waschen, Stiel abschneiden, der Länge nach stifteln, oder einfach grob raffeln. Mit
Salatsauce Nr. 1 * S.170	anmachen und mit feingehacktem Dill bestreuen.

Zuckererbsen Erbsschoten, Kefen, Schneeerbsen.

für 1 Person:

150 g Zuckererbsen	vom Stiel befreien, waschen, mit dem anhaftendem Wasser in einen Topf geben und bei mäßiger Hitze **10 Min.** dünsten.
1 TL Butter oder	
1 TL Kräuterbutter * S.110	zufügen und mit
Streu- oder Flüssigwürze	abschmecken. Wenn ohne Kräuterbutter
1 TL Basilikum	feingehackt, anstreuen.

Züricher Geschnetzeltes

kann man gleich beim Metzger schnetzeln lassen. Ansonsten nimmt man 2 - 3 dicke Scheiben vom Kalbsfilet und schneidet dies gegen die Faser in feine Scheibchen.

für 1 Person:

150 - 200 g Geschnetzeltes
1 Zwiebelhälfte
1 TL Butter und 1 TL Öl

fertig, oder selber schnetzeln, feinhacken, in einer Stielpfanne in anlaufen lassen.Pfanne nicht zu klein wählen, das Fleisch sollte nicht zu hoch aufeinander liegen, das Fleisch auf den Zwiebeln ausbreiten u. leicht anbraten ohne zu bräunen, in **2–3 Min.** offen garen. an den Rand schieben, mit abschmecken, den Bratenfond mit lösen,

Salz und Pfeffer
1/2 Tasse Weißwein
2 EL kleine ganze Champignons
aus einer kleinen Dose 50 g
4 EL dicken Rahm

ohne Saft hineingeben, einrühren.Das Fleisch mit der Sauce vermischen, erhitzen und mit den traditionellen Rösti * auftragen.

Zwetschgen-Bavesen

für 1 Person:

2 alte Semmeln

125 g Dörrpflaumen
2 EL Zwetschgenwasser

mit dem Reibeisen außen abreiben und in 1 cm dicke Scheiben schnei entsteint unter Zugabe von mit Mixstab vermusen, die Scheiben damit bestreichen, zusammenklappen.

1 EI, 1 EL Mehl
5 EL Milch, 1Msp Salz

verschlagen. Die Bavesen darin wenden und kurz durchziehen lassen.In einer Stielpfanne in reichlich

Butter - Öl - Gemisch

goldgelb backen. Es sollten sich schöne Eierfäden bilden. Vanillesauce dazugeben. Garzeit **6 Min.**

Zwiebelfleisch

aus gekochtem Rindfleisch

für 1 Person:

150 - 200 g Rindfleisch	bereits gekocht, in Scheibchen aufschneiden,
1-2 gelbe Zwiebeln	in Ringe schneiden und in einer Pfanne in
1 TL Butter und 1 TL Öl wenig heißer Brühe*	bräunen, das Fleisch zufügen, mit aufgießen und
1 Msp Thymian	bestreuen. VARIATION: mit den Zwiebeln 1/2 Paprikaschote in Streifen geschnitten mitgaren. Oder: keine Brühe angießen son- dern 1 Ei verschlagen, am Schluß angießen und stocken lassen. Garzeit **8 MIN.**

Zwiebelrostbraten

für 1 Person:

1 Lendenschnitte	gut abgehangen, leicht mit der Hand klopfen, den Fettrand ein- schneiden, damit sich das Fleisch in der Pfanne nicht "aufbäumt".
Öl und Pfeffer	auf die Lendenschnitte streichen, zudecken, kühlstellen.
1-2 Zwiebeln	schälen, in Ringe hobeln oder schneiden, leicht mehlieren. In einer Pfanne
1 EL Öl und 1 EL Butter	erhitzen, das Fleisch einlegen und von jeder Seite bei guter Hitze 3 Min. braten, dann heraus- nehmen und warmstellen. Den Bratenfond mit heißer
Brühe * oder Tee	lösen und abgeschmeckt über das Fleisch gießen. Die Zwiebelringe in der Zwischenzeit separat in
1 EL Öl oder Butter	braun braten, auf das Fleisch geben. Garzeit **6 Min.**

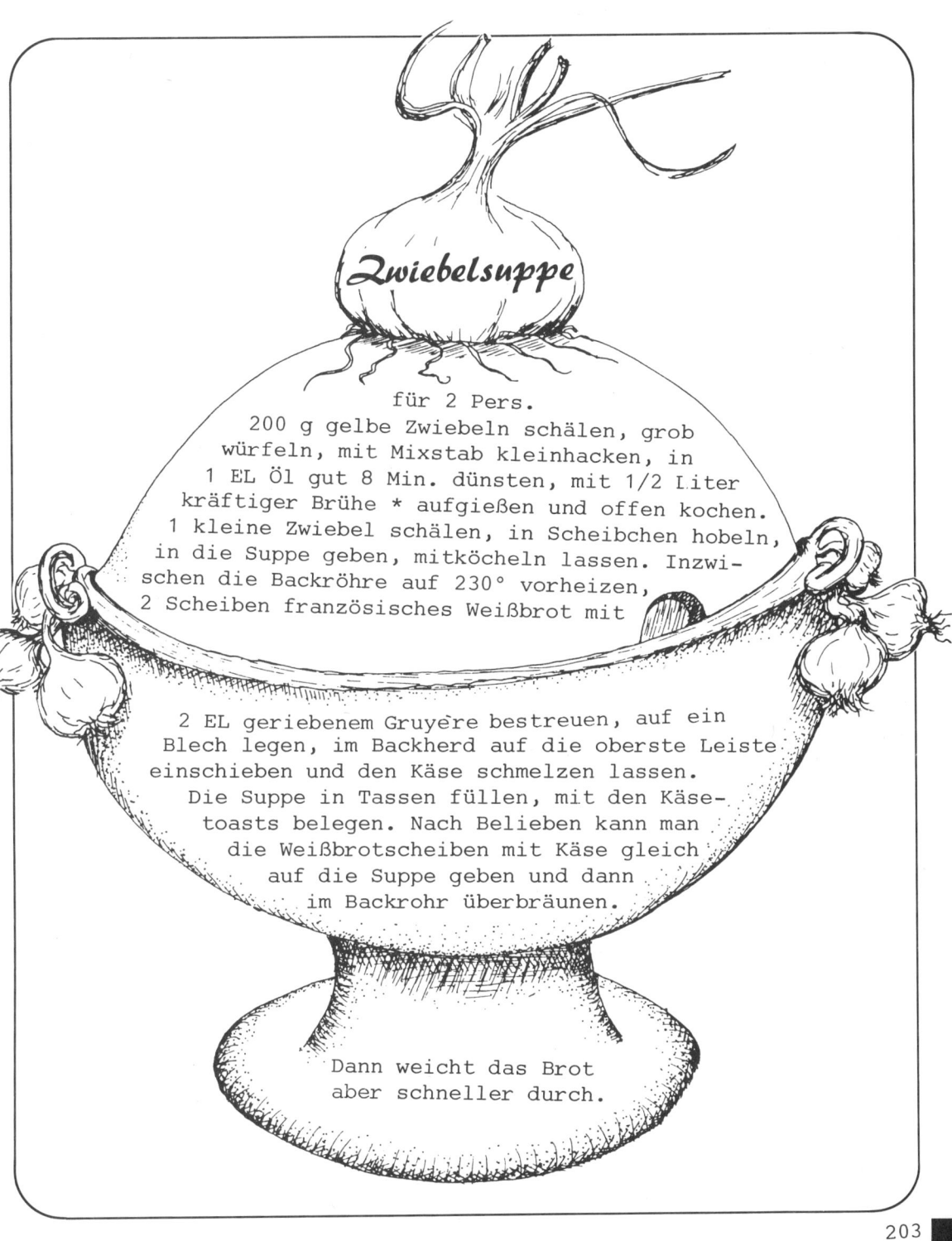

Zwiebelsuppe

für 2 Pers.

200 g gelbe Zwiebeln schälen, grob
würfeln, mit Mixstab kleinhacken, in
1 EL Öl gut 8 Min. dünsten, mit 1/2 Liter
kräftiger Brühe * aufgießen und offen kochen.
1 kleine Zwiebel schälen, in Scheibchen hobeln,
in die Suppe geben, mitköcheln lassen. Inzwischen die Backröhre auf 230° vorheizen,
2 Scheiben französisches Weißbrot mit

2 EL geriebenem Gruyère bestreuen, auf ein
Blech legen, im Backherd auf die oberste Leiste
einschieben und den Käse schmelzen lassen.
Die Suppe in Tassen füllen, mit den Käse-
toasts belegen. Nach Belieben kann man
die Weißbrotscheiben mit Käse gleich
auf die Suppe geben und dann
im Backrohr überbräunen.

Dann weicht das Brot
aber schneller durch.

Für eine Einladung gibt es eine Anzahl von Gerichten, die in Ruhe vorbereitet werden können. Verzichten Sie weitgehend auf Pfannengerichte, wenn Sie die Bewirtung alleine übernehmen. Sie wären an den Herd gebunden und die Gäste sich selbst überlassen. Pfannengerichte bedürfen einer ständigen Aufsicht und können erst kurz vor dem Servieren bereitet werden. Zur selben Zeit sind aber auch die Beilagen, wenn sie schmecken sollen, frisch herzustellen. Sollten Sie eine Vorspeise oder auch nur Salat voraus reichen und anschließend ein Dessert anbieten, ist dies doch recht arbeitsaufwendig.

Am wohlsten fühlen sich Gäste, wenn Gastgeber und Besuch in Ruhe miteinander essen und plaudern können und da erweist sich ein Buffet mit selbstgemachten Spezialitäten immer als die beste Lösung. Es darf etwas Einfaches sein, warm oder kalt, je nach Jahreszeit - aber hausgemacht soll es sein. Jeder ist glücklich, wenn er sich sein Menu selbst zusammenstellen kann, mit dem was ihn gerade anlacht. Oder geben Sie einmal eine zünftige Kartoffel - Party, wie auf S. 150 beschrieben. Oder laden Sie zu einem Fondue chinoise * ein. Ein Dessert kann vorbereitet werden und so stünde einem gemütlichen Abend nichts mehr im Wege.

Ganz anders ist die Situation, wenn überraschend Besuch kommt oder länger bleibt, als vorgesehen. Dann heißt es improvisieren und dabei helfen dann der kleine Vorrat *, der immer im Hause sein sollte und ein paar Rezepte, nach denen Sie ganz

Schnell was Feines

zaubern können.

Kalorientabelle

für die in den Rezepten angegebenen Mengen

		Kcal	KJ
Butter	1 EL	116	486
Öl	1 EL	46	194
Rindfleisch	150 g	321	1087
Kalbfleisch	150 g	181	585
Schweinefleisch mager	100 g	145	600
Hühnerfleisch	100 g	144	450
Kartoffeln mit Schale	200 g	136	570
Mais	100 g	107	449
Mehl	1 EL	37	155
Zucker	1 EL	59	248
Sahne süß 30%	100 g	302	1260
Hartkäse 30%	50 g	150	580
Reis Vollreis	100 g	371	1550
Hühnerei ca 57 g		84	350
Forelle	200 g	104	440
Schellfisch	200 g	160	670
Krabben	50 g	32	177
Haferflocken	4 EL	134	560
Melone Ogen	200 g	52	216
Gurke	100 g	7	30
Tomaten	100 g	18	75
Hartweizengrieß	1 Tasse	370	1550
Vollkornbrot	50 g	120	505
Weißbrot	50 g	144	521
Knäckebrot	100 g	369	1550
Knusperbrot 1 Scheibe		28	118
Lammfleisch mager	100 g	185	777
Quark 20%	100 g	115	480
Quark 40%	100 g	166	695
Bohnen grün	150 g	46	195
Blumenkohl	150 g	25	105
Aal gekocht	200 g	418	1750
Aal geräuchert	50 g	158	663

Werte nach "Kleine Nährwert Tabelle" v. Prof. Dr. W. Wirths. Umschau Verlag Frankfurt a/M

Fleisch und Geflügel

Gemüse und Kartoffelgerichte

Desserts

Sonstiges und Saucen

Eigene Notizen

Andere Bücher aus diesem Verlag:

Eva kocht für Adam natürlich vollwertig, **Adam kocht für Eva**. Praktische
und feine Rezepte in einem Band von Olli Leeb. 180 S. ISBN 3-921799-78-3

Köstlich frische Salate von Olli Leeb
Alle gewachsenen Salatsorten nach Farben geordnet. Nährwerttabelle.
Exklusive Farbfotos von Christian Teubner, reich illustriert.
Mit Schutzklappen für die Buchseiten.   196 S. ISBN 3-921799-88-0

Käse selber machen v. W. W. Windisch und Olli Leeb. Rezeptbuch und Käse-
reiwerkzeuge in einem schmucken Schuber verpackt.   ISBN 3-921799-82-1

Bayerische Leibspeisen zusammengetragen von Olli Leeb
300 Rezepte aus Altbayern, Franken und Schwaben, kleine Bayernkunde
und Bayerischer Kalender. Für In- und Ausländer leicht nachzukochen.
Farbfotos und viele Zeichnungen.   172 S. ISBN 3-921799-80-5

Bavarian Cooking assembled by Olli Leeb
English Edition of „Bayerische Leibspeisen"   172 S. ISBN 3-921799-85-6

Ausgewählte Desserts von Olli Leeb
Feine Rezepte für jeden Geschmack und jede Linie. Nach Farben der
verwendeten Früchte geordnet. Reich illustriert und schöne Fotos.
Mit Nährwerttabelle und Schutzklappen für die Buchseiten.
                                            198 S. ISBN 3-921799-84-8

Die feinsten Plätzchen-Rezepte gesammelt von Olli Leeb
Das spezielle Backbuch für Plätzchen, Lebkuchen, Guetzli und Konfekt.
Ausgezeichnet mit der Silbermedaille der Gastronomischen Akademie
Deutschlands. Farbfotos Studio Teubner, viele Illustrationen und
Schutzklappen für die Buchseiten.   190 S. ISBN 3-921799-98-0

My favorite Cookies from the Old Country by Olli Leeb
English Edition of „Die feinsten Plätzchen-Rezepte"
                                            190 S. ISBN 3-921799-97-X

Der Fleck muß weg! von Olli Leeb
Ein informatives Handbuch zur Pflege, Wäsche und Reinigung edler
Textilien und Lederbekleidung. Mit genauer Materialkunde. So leben
Ihre guten Stücke länger.   80 S. ISBN 3-921799-86-4

Garment Care by Olli Leeb
Stain Removal easy made. English Edition of „Der Fleck muß weg!"
                                            80 S. ISBN 3-921799-83-X

 **Kochbuch-Verlag Olli Leeb** 8000 München 21